在师父郑钧先生家里

与骨科专家田纪钧先生在一起

与徒弟推敲拳艺

练功间歇

在清华园练拳

中国铝业太极风采

漯河拳友

与徒弟合影

弟子练功拳照

中国赵堡太极拳

崔彦星　著

人民体育出版社

目 录

导 言

太极拳是中华民族古老而优秀的拳种之一，传承至今已有三四百年的历史。它集武术和中国传统文化于一身，是三丰祖师以道家“天人合一”“无极生太极，太极生两仪”“阴阳相对相生相化，合为一圆太极”“阴阳生八卦”等哲学思想为根基发展出来的内家拳术。

太极拳博大精深，适合不同人群从不同层次、多个方面来学习。至少可有以下五个方面：一曰健身，二曰技击，三曰行气养生，四曰明哲理、以拳通医，五曰修炼心性、以拳悟道。（1）健身是太极拳最基础的层次，老少咸宜又无需特别的场地或器械。学会太极拳的招式，记住打熟每个动作的方向和它们的衔接，每天做上几遍，可以很好地活动肢体筋骨、疏通气血、提高平衡能力、愉悦精神。六十四势以上的长拳，健身效果更好。（2）技击是太极拳的本原功用，其随屈就伸、舍己从人的技击理念，是太极拳哲理和中华传统文化的精粹。可以说，如若不学习太极拳的技击术，就无法真正体悟到太极拳之真谛。太极拳技击术深不可测，有多级层次，但都隐藏在柔软缓慢的表象之下。没有明师指点，没有多年的潜心习练，很难达到较高阶段。望有更多的学习者立志勤习深研太极拳技击术，继承和弘扬我中华武魂。（3）拳架练熟为初级阶段，以外带内（即以肢体动作激发和带动丹田气运行）为中级阶段，以内带外（即以丹田气的运行带动肢体动作）为高级阶段。进入高级阶段后，每次行拳都是在修炼动的气功，有后天返先天、延年益寿的功效，传统称作命功的修炼。（4）太极拳术蕴含深刻的道家哲理，比如阴阳、虚实、五行、八卦及其相对相成、相生相克的变化关系，天地人同构，人需顺应天时地利等理念，无不是中华传统文化的精粹。在学习太极拳的同时，研习和体悟这些更高层次的道家哲理，不仅有助于拳术的提高，还有助于兼通同样建立在道家哲理之上的中医医理。与从西医的视角去学习中医不同，从太极拳体悟出的道家哲理去研习中医，会更加接近中医的真谛。此外，太极拳的内气运行与中医经络关系密切（详见本书叁中的“气行周天法”）。太极拳分筋错骨的擒拿术，轻用则养生，重用则克敌，不轻不重则可治病救人（正骨、疏经络、通气血等）。因此不少太极名师在中医方面也卓有成就，太极拳和中医可相互促进。（5）“道法自然”人人皆知，但什么才是“道法自然”的“大道”？真正的“大道”无法用言语言说，即使是“道法自然”这样经典的语录也只是指示“大道”的手指，并非“大道”之本体。追求入静放空、道法自然的太极拳习练者却可以在行拳之中修炼心性，逐渐体悟何者为道，并以身形动作表现出自己对道法自然的感悟、对宇宙人生的认识。对道法自然的追求没有止境，感悟越深，心境就越平和、淡定、从容和愉悦，心底就越柔软、越谦逊。争强好胜之心放下，门户之见放下，名利和喧嚣渐少现烦扰，死亡和疾病亦难成挂碍；拳法也就渐趋“无形无相、通体透空”之大道风范。是为心性的修炼，也是技击、养生、哲理和中医四者进阶的必需之道。常有人说太极拳是大众运动，但从（2）至（5）其实只适合小众修炼，能够进阶到顶尖层次者，需要种种因缘，必定人数寥寥。但是，无论适合于大众还是小众，都是文化传承所必不可少的，因而也都是同样重要的。无论修炼到何种层次，只要在行进中，都会在行进的每一个“当下”获得精神上的超越和自由。过程比结果更值得追求，而且只有不计较和执着于结果，才能不断精进。太极拳由于其深刻的哲理内涵，是心性修炼过程非常好的伴侣。

赵堡太极拳是国家体育总局认定的太极拳十大门派之一，是唯一以地名命名的太极拳。它传承清楚，拳法古朴，技击性强，在中国太极拳史上具有重要的地位。同时它在健身、拳术、养生、拳理、心性修炼等多个方面也颇有独特之处。但由于种种原因，与陈式、杨式太极拳等相比，现在了解赵堡太极拳的人并不很多，介绍、研究赵堡太极拳的论著也相对较少。

本书著者和拳法演示者崔彦星先生是赵堡太极拳第十二代传人。他少年时先随本村崔满仓先生学习赵堡太极拳拳架，后蒙当代太极大师、赵堡太极拳名师郑悟清先生之子、赵堡太极第十一代传人郑钧先生收为门下弟子精心栽培。崔彦星先生早年曾多次参加国内外太极拳赛事，并取得优异成绩。1987 年获河南温县太极拳比赛优秀奖，1996 年获国际太极拳年会传统套路第一名、擂台赛第三名。之后遍访名师，并开始在各地传授太极拳。2002 年曾应邀担任河南省武警部队反恐教练。2004 年春到北京，先后在北京大学、清华大学、百盛餐饮集团、中国铝业公司等多所高校及企事业单位教授赵堡太极拳，受益学员数以百计，遍布全国。他 2006 年录制出版了 DVD《赵堡太极拳——动作分解及实战应用》（中国国际广播音像出版社）。2007 年 8 月应邀参加中德文化交流年会。多年来，他为赵堡太极拳的传播与发展、为弘扬国术做出了突出贡献，受到了同门和武术爱好者的一致赞赏。他的拳架，立身中正安舒，形如搏兔之鹄，神如捕鼠之猫，静如山岳，动若江河，蓄劲如开弓，发劲如放箭，并对太极拳意有独特的诠释，是当代赵堡太极拳的杰出代表之一。他对中医也有较深涉入。来北京后，他有缘得刘氏少林派正骨传人、著名中医田纪钧先生传授推拿正骨法，又自费到中国中医研究院进修学习，初步掌握了中医的基础理论以及针灸、火针、穿刺、按摩等技术，从而能将太极拳内功与中医、养生结合起来，创制了以指代针、顺经行气、解痛开关之功法，常年施功医人，为众多患者解痛除忧，广受赞誉。他根据大众养生要求而自编的“赵堡太极养生十一式”，为田纪钧先生编著的《亚健康调理术》（人民军医出版社，2011）一书收录。

迄今，崔彦星先生苦心修炼太极拳已有三十余年，并对传统内家拳经、拳论进行了系统的研究，对赵堡太极拳的真谛深有体悟。同时他还将拳术、拳论与中医理论、人体解剖学、道家内丹学结合起来，综合思考修身、养生、技击之法。本书是作者为普及和推广赵堡太极拳这一优秀武术文化，对自己多年练拳的经验和心得做出的阶段性总结（为行文方便，全书多以第三人称进行叙述和阐说）。

俗话说，“他山之石，可以攻玉”，希望本书可以使广大太极拳爱好者欣赏到古朴、纯正的拳风和精湛的技艺，领略到独到的太极思想。另一方面，太极拳哲理深邃，拳术变幻无穷，远非一人一派可独窥其全其真。书中也定有众多不足之处，真诚希望同行和有识之士不吝斧正。

壹 太极拳的基本理念和术语

一、恭敬心

赵堡太极是道家拳，习赵堡太极即是习道，要以全部身心去体悟道法自然。

习太极要心怀恭敬——敬天、敬地、敬祖宗、敬师长、敬自己。

必须自己看得起自己，才能培养起浩然之气，这是学好太极的基础。

二、入静 放空 中正 安舒

习太极需入静放空。放置名利追求、人事烦扰，无视外界喧闹繁华，把心放回肚子里，让它回家。

身要正，姿势要安舒，头与脊柱成一直线，勿勾头撅臀、左弯右曲。

心要正，追求融入自然、顺应自然之道，摒弃暴戾之心、害人之心、蝇营狗苟之心。

太极无需配乐，只关注自身的中正，只倾听自己心中的祥和。

三、力与松柔

习太极要去僵力、硬力，换上自然松柔之力。

许多练太极拳者不知怎样做才为松柔，认为不用力就为松柔，非也。不用力如何能在实战技击中遇敌交手，以小胜大、以弱胜强、逢凶化吉？松柔，外指皮肤肌肉筋膜关节，内指五脏、交感神经；这些皆要放松，毋使紧张。两太阳穴有下凹之势，关节要节节拔开，筋要舒展不僵不硬，肌肉好像挂在骨头上，有松坠之意。这样才能把内气之力通畅完整地传导过去。

松柔不是根本不用力，而是指不要用僵力、硬力，要用内气催发的自然适度的放松之力。怎样才适度？就是要适应动作的对象。比如，一个人用一次性纸杯喝水，由于有以往的经验，他会很自然地用合适的力度将杯子端起来，送到嘴边，不会特别想着要用力，这个力就是适度的松力。如果他用僵力、硬力，就会把纸杯捏扁。如果完全不用力则无法把杯子端起来。用力太小了也端不起来，或者刚刚端起来就又掉了下去。这就是断劲了，即丢了，而不是松。在竞技中，则要根据对方的力粘黏连随、随屈就伸，这就是适度。

有的习练者认为打得越缓慢、越软绵就越松柔、越有“气”，亦非也。真气遍布全身的真正高手，行拳可快可慢，柔中带刚；刻意求慢，则气必滞；刻意求软，则失去外掤的内力，无法维护自身的安舒祥和。

所以太极拳的松是相对的放松，而不是绝对的松。要做到松而不顶，松而不丢。要有明师的指点，有正确的锻炼方法，再勤加练习，多多体悟，才能达到适度的松（更深入的阐述见本书内容柒中的“释松柔”小节）。

四、三节四梢四大节八小节①

（一）三节

上节：头为上节。

中节：腰以上、头以下为中节。

下节：腰以下为下节。

（二）四梢

四梢指牙齿、舌头、指甲、毛发。杜元化《太极拳正宗》上说：“每一动

①四至六主要取自杜元化《太极拳正宗》。

作需行至四梢，此为练拳之必要。有歌诀为证，歌曰牙齿为骨梢，舌头为肉梢，指甲为筋梢，毛孔为气梢。”毛孔也包括长在毛孔上的头发和汗毛，所以有“发欲冲冠，甲欲透骨，牙欲断金，舌欲催齿”之说。

（三）四大节与根节

四大节为两膀（指双肩）两胯。

两膀两胯均为根节。膀为上节之根，胯为下节之根。周身活泼全赖乎此。

（四）八小节与中节、梢节

八小节是两肘、两膝、两手、两脚。

两肘、两膝为中节，两手、两脚为梢节。

根节催之，梢节领之，中节随之。中节、梢节，节节随膀随胯运动，勿令死滞，自能顺随与膀胯为一。

五、六合

外三合：手与脚合，肘与膝合，膀与胯合。

内三合：心与意合，气与力合，筋与骨合。

六、不撇不停不流水

每动一着，左手动右手不动为撇，右手动左手不动亦为撇，脚之作用与手同。不到成势时止住而将劲力打断，名曰停。若如此，无论如何锻炼，终无效用。

每一着成时一顿，意贯下着，是为势断意不断。如不停，一混做去，谓之流水，犯此，到发劲时，因势无节制，无定位，甚至无从发劲，此宜戒。

七、知阴阳 辨虚实 明蓄放 晓开合

一般来说，人体是下为阴、上为阳，左为阴、右为阳，体内侧为阴、外侧为阳，掌心向下为阴、掌心向上为阳。动作是降为阴、升为阳，退为阴、进为阳，团缩为阴、伸展为阳，内旋为阴、外旋为阳。通常，阴为实、为蓄、为开、为吸；阳为虚、为放、为合、为呼。

细考可知，阴阳也分层次，高层的阴阳之下还有中、低等多层次的阴阳。比如人体之双腿双足相对于双臂双手来说，是腿足为阴、臂手为阳；而相对于左右两侧来说，又是左为阴右为阳；这样左手就是阳中阴，右足就是阴中阳。而左手、右足的动作都是既可前进又可后退，既可上举又可下探，既可团缩又可伸展，既可外旋又可内旋；这就形成了更下位的阴阳。

动作的阴阳虚实蓄放开合还像车轮转动一样不断变化：阴极生阳、阳极生阴，虚透化实、实透化虚，蓄满转放、放尽转蓄，等等。

总之，一层阴阳（单爻）不够，三层阴阳（三爻为一卦）配出八卦，两个八卦配对再配出八八六十四卦。所以，赵堡太极拳先辈以此作为说明太极拳法的总模型（参看本书内容陆中杜元化的《太极拳十三式手法起原之图》）。

赵堡太极拳七十五式，式式有多层阴阳。肩胯肘膝手足以至指尖足尖孰虚孰实，气行在内侧还是外侧、内旋还是外旋，左右两侧是同向旋转（单盘）还是逆向旋转（双盘），是打开还是合拢，都需要与呼吸蓄放自然和谐地搭配。

在初步掌握七十五式的动作和方向之后，一定要及时再进一步，分清并体悟动作时手足、体态的阴阳、虚实、蓄放、开合与呼吸（高级阶段为内气呼吸）关系，掌握它们彼此和谐搭配并相互变化的关系，这是太极的根本。

八、下盘功夫

“树老先老根，人老先老腿”“树大无根自倒，人老腿脚不便”，这都说明了根基的重要性。脚和腿是整个身体的支柱，也是整个身体的根基。中医认为脚为人的第二心脏，足底部就有头穴、鼻穴、目穴、耳穴、口穴、喉穴、心穴、肺穴、胃穴、肝穴、脾穴、胆穴、肾穴等连通着身体各个重要部位、孔窍

和脏腑。单是脚心用力内收就是一个简单的养生方法，脚心的涌泉穴可改善人的性机能，还可起到降低血压的作用。

脚和腿的功夫对练拳非常重要。练拳时要“旋之于足，行之于腿，纵之于膝”“趾要贴地，膝要微扣，胯要松沉，裆要圆活”等都是对下盘的要求。“立足要扎地三尺，稳如泰山”和“举步要轻灵，如履薄冰，如踏荷叶”是不矛盾的，说的都是“重心不离胯中”。太极拳的“松静圆活、进退侧返”都是从根基里练出来的。根深蒂固才能枝叶茂盛。

赵堡太极拳不主张行拳时始终保持固定的下蹲高度，而注重气行要下至涌泉、上至百会；身形的升降、上肢的收放都要与下盘连为一体。

古语云：教徒不教步，教步打师傅。步法是抢势（抢占有利位置，比如“一步抄裆把敌发”的“一步抄裆”）的关键、发人的重器，是下盘在技击时的功用。

九、脊、腰、胯在太极拳中的重要作用

太极拳的一切动作均以脊柱为立轴，腰及其胯（骨盆）是连接在脊柱的横轴，两胯根是胯（骨盆）与两腿的连接处，好比是连接在横轴上的万向节。太极拳各种动作的莫测变化主要依赖于连接在横轴上的万向节——胯根。通过脊柱、腰和胯根，可将全身的动作连接为一个整劲，并灵活地控制方向、虚实、开合、涨落与重心（详见本书内容贰中的“正面迎敌”和内容柒中的“释松柔”）。这是习练太极拳到了中级阶段之后，需要主要体会和掌握的。四肢的动作不是四肢的肌肉筋骨在动，而是由胯间、腰间和脊柱的气行来带动的。比如出右手，不仅仅是用右臂肌肉筋骨关节的配合用力来出手，而是由裆胯之间的气沿脊柱上行至夹脊穴转向胸前的阴经驱动右臂，并外旋着出手的（详见内容叁中的“气行周天法”）。太极推手中的粘黏连随与走化更离不开脊、腰、胯的作用。

十、知练会养

古往今来，有多少武术名家和出色的运动健将都英年早逝。这都是只重

练、不重养所造成的结果。平时的发力超出了正常的身体限能，使元精、元气、元神损失过多，又没有及时地补养（睡眠、饮食等）；年青时气血旺盛，感觉不到有什么异样；年龄大了，气血衰退，身体里隐藏的毛病就渐渐出现了。

练太极拳贵在通过练拳来调整人的身体机能平衡。在练拳的同时，还要注意养生。俗话说："三分练，七分养。"运动、睡眠和饮食为养生的三大要素（三大法宝）。习练太极拳或相关的功法训练也切忌过度。要根据自己的年龄、体质强弱、当下的疲劳程度，来决定行拳拳架的大小、练习次数的多少、是否做高难度高强度的动作等等。另外，"上善若水，水善利万物而不争"，"不争"在于心性的修炼，比武发人切不可过于频繁。练拳、比武毋过度，才能有效地调整和提高人体各器官的机能。只有身体强健了，才能更好地服务于技击、工作和生活。

贰　赵堡太极拳的特点

一、赵堡太极拳的核心观念——背丝扣

“背丝扣”是赵堡太极拳的特有概念，它一统体内行气和体外姿势动作，被视作通贯所有招式的高层功夫。该概念的文字阐述最早出现于1935年印行的杜元化著《太极拳正宗》：“试观空圈之中恍恍惚惚，其气机发出一种现象：一向一背，分顺分逆，非象乎背丝扣乎。”如何理解这句话？一统内气与外形（本节以气统形，下面的“气”均可表示“气和形”）和所有招式的“背丝扣”，其含义可以从“背”“丝”“扣”三字去理解。

何为背？背者，分也、相反也；单气翻拧相背，双气相对相背、相分相合也。

(1) 单气的阴阳翻拧转换、肘往心中收与麦比乌斯圈效应。①赵堡太极拳主张，所有的气行（单气）都是像拧毛巾那样阴阳翻拧着前行的：每个气行都有下位的阴阳，在单气的运行中下位阴阳在不断地、周期性地相互转换。比如身体单侧的手、足、膝、肘、胯、肩还各有下位的阴阳，以右手右肩为例：右手为阳，但右手还有下位的阴阳——手心为阴、手背为阳；右肩为阳，但右肩也有下位的阴阳——内旋为阴、外旋为阳。转动右手手心和手背的位置或向内向外旋转右肩就造成整条手臂气行的阴阳变换、拧接，就好像在两端反拧的一条毛巾，这是单气“背”，是更高层次的“阴阳相对相背相成”。下面的图2–1是杜元化《太极拳正宗》中的背丝扣示意图，它表示的是上臂划弧（比如云手）时双手手型的立体变化。

图中曲线两端的阳（左边外侧的“右手阳”和右边内侧的“左手阳”）都用六条阳爻（图中细黑框框住的完整不断的实心白线）的全阳卦象来表示，阴

（右边外侧的右手阴和左边里侧的左手阴）则都用六条阴爻（中间断开的黑色实心直线）的全阴卦象来表示。外弧从右手阳出发，全阳的卦象逐次将六阳爻中的一阳改为一阴，直至变到右手阴的全阴（六阴爻）卦象（六阳→五阳一阴→四阳两阴→三阳三阴→二阳四阴→一阳五阴→六阴）。而为外弧包着的、里面的S形小弧则是从左手阴的全阴的卦象逐次增加一阳爻直至变至左手阳的全阳卦象。也就是说，一气或单手的轨迹并非简单的单线条的圆或弧，而是由自身阴阳的不断拧转、“阴阳反接之背”的有扭矩力的线条构成的圆或弧。杜元化说，图 2–1 是更高层次上的“背丝”，是立体圆，就是指单气气行要有内在的阴阳转换及其阴阳转换带来的扭矩力。单线的阴阳拧转变化是形成立体之“背”的关键。

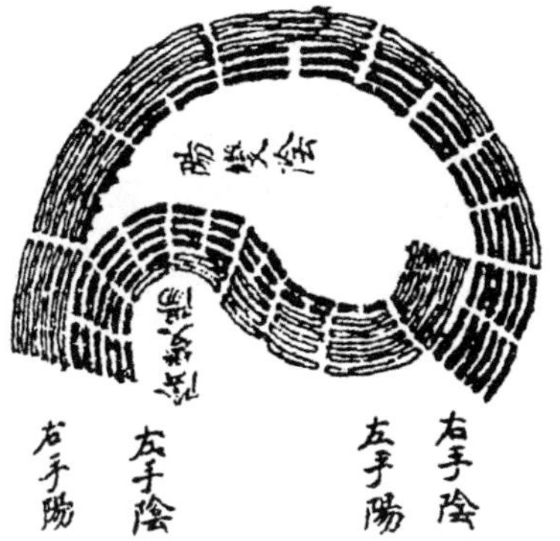

图 2–1　赵堡太极拳手型动作的背丝扣图

（取自杜元化《太极拳正宗》）

②单气阴阳拧转变化之“背”，与赵堡太极名师郑悟清的一个拳法要诀“肘往心中收”密切相关。它是指赵堡太极的一个独特的动作——单手划圆在下落回收时要有个肘向身前中线内收、肘尖向内藏起，从而把前臂的阴面翻拧到阳面（朝上）的变化。正是这个特别的动作，使得手臂以至肘部所对着的肋下及丹田的气行都好比加上了毛巾两端的对拧而产生了扭矩（详见后文中有关“肘往心中收”的介绍），在技击和养生两方面均有特别的功效，是赵堡太极不同于其他太极拳的重要特点。

③这种阴阳的反拧好像是拓扑学中的“麦比乌斯圈”[①]，有直接连通阴阳两界的神奇作用。参见本页脚注和图 2-2。

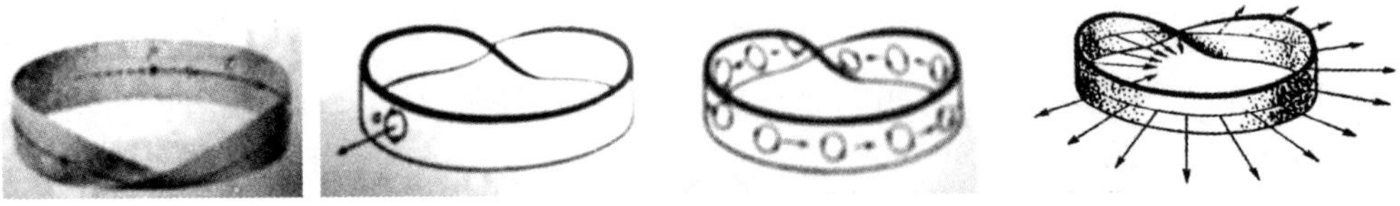

a　　b　　c　　d

图 2-2　赵堡太极拳翻转阴阳、连通两界的单圈——神奇的麦比乌斯圈

（2）双气的相对相背、相分相合。无极生太极，从此圆中有了对立两分的阴阳二气。对立的二气在圆中变动不居：①一忽儿二气相向运行而聚汇，一忽儿又相背运行而发散（一向一背）；②在圆心或中线的两侧，二气一忽儿成平行关系地顺向运行，一忽儿又成杠杆关系地逆向运行。顺向平行运行的二气或四肢左右相对且有阴阳之逆，而逆向运行的二气或四肢又似翘翘板一般形成支点两边同一扭矩的彼此合力。所以说二分中顺中有逆、逆中有顺，是为分顺分逆。以上两点参见图 2-3。

图 2-3　赵堡太极拳动作的双弧运行图（取自杜元化《太极拳正宗》）

①图 2-2a，拿一张纸条，把纸条某一端的正面与另一端的反面粘住，就成为一个麦比乌斯圈。它的神奇之处在于，一般的纸圈的外圈与内圈的空间是隔绝的（阴阳两界截然两判），而麦比乌斯圈没有了内圈和外圈的区别（阴阳两界连通了）。如果把一只小蚂蚁放在一个普通的纸圈的外圈，假设它只能沿着纸的中线爬行，则它只能在外圈反复转圈。而把小蚂蚁放在在麦比乌斯圈的外侧，它沿着中线却可以把内外两圈都爬到！假设在麦比乌斯圈中线任何一个点的垂直线的周围有个逆时针方向旋转的小圆（如图 2-2b），让这个小圆保持与麦比乌斯圈的垂直并沿着圈的中线向前移动，则到正反面粘住的扭曲点时，小圆会变为正时针方向旋转！如图 2-2c。这是因为，麦比乌斯圈中线的任何一点上都有正反两向的垂直线（法向量），而这两个反向的垂直线在沿中线行进的进程中都可以到达。图 2-2a 取自《初等拓扑的直观概念》59 页，b、c、d 取自《拓扑学奇趣》42-43 页。

何为丝？丝者，取其细、软、曲、长、连绵不断、可扭拧可叠交的性质。用以比喻赵堡太极一气和二气运行的轨迹。从图 2–3 可以看出，①二气运行的轨迹无一处直行，无一处露角，均是细且圆滑的双弧线，它们如丝如缕、曲转叠交，连绵不绝，与丝相同。②从图 2–1、图 2–2 还可以看出，图 2–3 中丝状的二气运行，其实每气都有下位阴阳在三维空间中不断变换，每气都是有阴阳异面并不断阴阳反拧的、带扭矩的丝体。

综上可知，二气或一气的运转轨迹如丝，每气的阴阳异面不断地拧接变化为“背”，两气的相背而行或分后的相对相向而行也是“背”，故合称“背丝”。

扣者，二物相套、相搭也。由两根连通阴阳两界的单丝所构成的双丝，向背顺逆变换不居，而其向背顺逆聚散的轨迹总是分居一条中线的两边并相扣于中线上的一个点，而单丝阴阳顺逆的翻转点也同样落在这一点上，这个点是背丝的“扣”，位于胯中。如图 2–4 中的 。

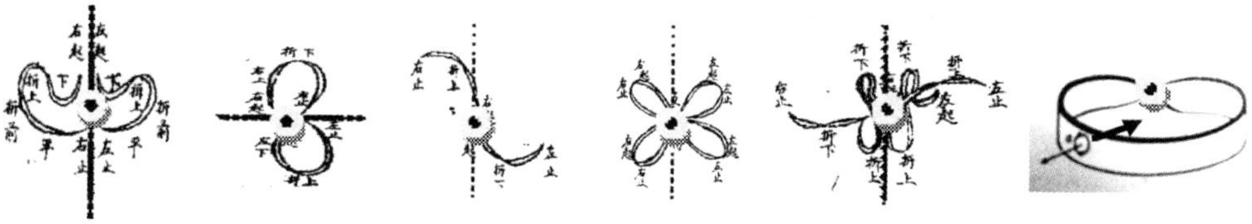

图 2–4 单人的背丝扣

图 2–4 表示的是一个人的背丝扣。图 2–5 的左右两图（取自杜元化《太极拳正宗》）既可用来说明单人两手可轮流坐庄主手或辅手（另一意义上的阴阳：在外主动进攻者为阳，在内防护自身者为阴），从而形成的背丝扣；也可用来说明两人推手而合成的双人背丝扣。两人推手（推和平圈）时的背丝扣轨迹合成一个更大更完整的双合背丝扣，就好像图 2–5 的左右两图上下相合会成为一个内有阴阳鱼分界的太极圆。赵堡太极高手在推手中能够听出对方背丝扣中每丝运行的向背顺逆及其丝扣所在位置，在双合背丝扣中主动“舍己从人”，先顺着对方丝行方向加速引之，使对方顺行过度而失去平衡、双丝无法相扣；再以我为主来逆行对方。单人拳架如果能够做到“面前无人似有人”，也能体现出在双合甚至多合太极中的高层背丝扣功夫。

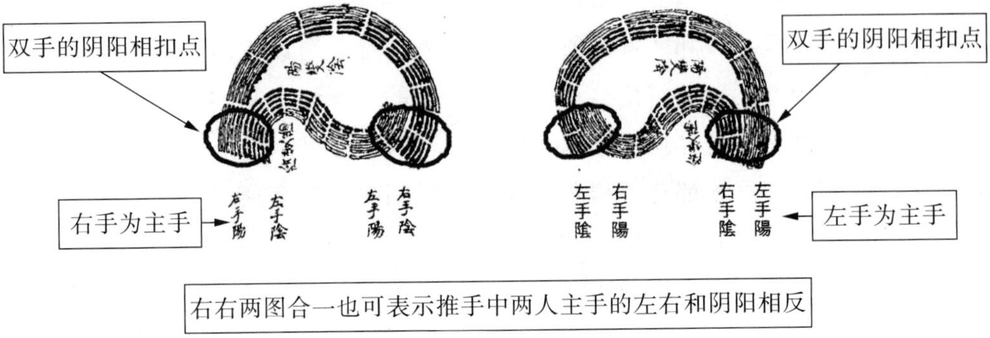

图 2-5 杜元化双人背丝扣图

二、拳架即技击术

赵堡广为流传的一句话是——拳架怎么打，技击就怎么用。

赵堡太极拳每招每式都可以直接运用于推手或散打，直接体现“随屈就伸”“舍己从人”的太极真谛［赵堡的说法是“要啥给啥，（让对方）吃啥吐啥”］。看上去或中正安舒甚或婀娜袅袅的姿势之下藏着“引进落空”“后发制人且置对方于全无还手之力”的暗机。

赵堡太极拳架特别适合于技击的独特之点举例如下。

（一）守、化、攻的关键之一——肘往心中收

手不离中，肘不离肋。这是赵堡太极拳“守好自己一方园地”的口诀。

“手不离中”是说，须有一手经常立于身前中线，保护自己的胸前。比如赵堡太极拳云手的左手圆和右手圆均是上下长于左右的立椭圆，左右两圆的内边叠交于身体的中线，外边分别落在身体的左和右，两圆的轨迹仅内侧的边有部分重合，也即两手交替着，总有一手立于身中。赵堡太极拳的白鹤亮翅、斜行、懒扎衣、单鞭等多式，“手不离中”都比其他太极拳突出。“手不离中”有利于技击中更好更快捷地保护自己。

“肘不离肋”是说，两肘须自然下坠于两肋之下外侧的斜前方，距章门穴约一拳多远的地方。章门穴在最后一条肋骨的下方，皮下有重要脏器，是死穴，因此要用肘时时看护着它。

手从心中起，肘往心中收。这是赵堡太极拳的攻击诀，同时也是化解诀，是郑悟清先生通过几十年太极拳实践总结出的精华。前一句是攻击诀：由守转攻时，手须从身前中线出发，首先以阴阳掌向上、向前插向对方鼻尖的方向，再以手的小鱼际用力向外旋、向外下划弧并伴随手心逐渐向外侧转转为手背朝上的平的阳掌。手外转时肘窝朝内、肘尖向外露出。后一句是防守的化解诀：当攻击手向外下转至身侧、手转到平阳掌时，如果对方试图用力控制并通过我肘发放我，只需“肘往身前中线一收”、肘尖向内藏起、前臂阴面的肘窝向外翻转朝上，手也就势转为立的阴阳掌，即可轻松化解对方推力，并开始下一轮的前插进攻。如果对方用力推发我肘，我只需“肘往心中收”即可轻松使对方推力落空化解，并开始下一轮的进攻。

赵堡太极拳中手的划弧伴随着掌的阴阳变化，这又是由肘的内收外翻的划弧和肘窝的阴阳变化来推动的。而肘的动作又由肩的滚动来催动，滚动肩所催动的肘内收又与肋下丹田气的激荡挤压直接关联同步。肩肘手联动而划出小中大三个同步的弧，伴随着三节上的阴阳变换，使得赵堡太极手的技击带有强烈的内在旋转力。

旋转力是各家太极拳的共同特点，但赵堡“肘往心中收”是十分独特的，它使得赵堡太极拳无需侧身或左右弯曲缠绕身体，用“正面迎敌”即可顾盼左右来敌，使得赵堡太极拳与对手的距离更近，出掌或出拳的速度也更快一些。

另外，“肘往心中收”还是贴身肉搏在化解对方进攻的同时即时转向进攻的要诀。肘往内一收的同时肘窝往上一翻，可将全身从涌泉穴提上来的气通过腰胯肩臂立时传达到手心，手心再向外一翻，手背就直接甩到了对方的脸面上。详见“迎面掌”等相关招式的说明。

面前有手不见手，胸前有肘不见肘。这是赵堡太极拳关于手肘姿势动作的口诀，它是达到前述手肘攻守化各种功效的前提条件。

前一句说的是手的姿势。赵堡太极拳要求自己身前、脸前的手必须是阴阳手，也即用自己眼睛既看不见手背也看不见手心，只能看见拇指食指的侧面，手成了一条线。绝不允许手心朝向自己，是赵堡太极拳不同于其他太极拳的严格规定。这是因为，手心朝向自己（特别是自己的脸）十分危险，对方只需朝你手背一击，手心就会打向自己（的脸）。阴阳掌不但绝不会打向自己，且可以自由地向外翻掌转掤、转捋、转按，或是向内转掌变採，多种选择都十分自由和快捷。

后一句说的是肘的动作。前面说了“肘向心中收”在赵堡太极技击中的重要性，但是，肘在身前中线位置只能一闪而过并必须伴随肘尖的内藏，它只是避开对方推力转向手前插或翻掌击敌等动态轨迹中临时路过的一个点，如果停留时间稍长或肘尖不内藏，会有被对方将我肘推死至我胸肋部并借此发力攻击的危险。

（二）守、化、攻的关键之二——重心在两胯之中，胯根划四维之 ∞

各家太极拳都要求两腿要有一虚一实的变换，这就涉及重心的移动。赵堡太极拳也强调重心左右前后的不断变化不能偏出两胯之间，两胯根在时间上有先有后地分别有上下小斜度地划圆，同时头要如一悬线垂直上领。笔者在讲解这一点时常用一个形象的道具，一个撒了气的约一寸宽、寸半长的气球。把气球放到水管上往里灌水，当气球的下端被水灌得比网球略大时，气球嘴之下的脖子也被拉成了二尺来长的细细一条，球体坠在下面。一手提住灌水气球的嘴，另一手轻推盛水下坠的球体，它就像钟摆一样自动地左右（或前后或斜向）来回摆动而上面不动，如图 2–6 所示。

另外，胯的摆动其实不仅仅是如图 2–6 所示的二维左右向的弧形摆动，同时还略有前后向和上下向的弧形，实际上是两胯根在三维空间中分别划出斜的小圆，而且两胯根的划圆还可以是一个顺向一个逆向同时在时间上相错而行。比如云手，左胯根是由左向中的逆时针划圆，右胯根是向右向中的顺时针划圆，同时时间上又是错位而行：一边转为向上向外时，另一边正转为向下向内，这样胯的运动轨迹就合成了四维空间中的 ∞。同时两边的力在腹内形成同一个合力，左右似有一线相连，且在时间上形成两线相交的轨迹，相交点在腹部中心。如图 2–7 所示。

图 2–6

图 2–7

这样，两胯带动着四肢各节不断有阴阳虚实的变化，对方来袭，只要顺其方向把某一边的胯往下一松，加上肩肘的翻拧，不但可以当即化解对方的劲力，而且如果足够放松，己方的另一侧自然就马上顺势借力向前、向上击向对方。

（三）一人分两半，同侧同动，左右分动

成人都习惯于对侧的手腿同动，比如走路，迈右脚时左手向前，迈左脚时右手向前。而赵堡太极拳的 75 式中却有不少是同侧的手脚同动，比如倒卷肱、高探马、白鹤亮翅等，都是同侧手脚同时划同样的弧线。即使是云手，左右两侧的脚尖、胯根也在不停地随着同侧手的动作而内旋或外旋。而胯根、脚尖的内旋外旋及其内外旋的转换又与肩、手的内旋外旋及其内外旋的转换分别同步协调。这样，左边管左边，右边管右边，左边和右边分别形成从上到下的一个整体，就跟孙悟空的分身术一样，一个人好像是分成了两个人。刚学这些动作的时候会很不习惯，慢慢就会习惯。当进行推手等技击时，就直接感受到了一人分两半、同侧同动的作用：同侧的手往后按对方上身的某部位或者勾扰对方的臂，脚在下勾对方的腿，顿时可令对方失去平衡。

另外，“一人分两半，同侧同动，左右分动”其实还有更高层次的左右相合相顺。这就是分动的左右两侧好像是由支点或中线联系起来的杠杆关系的两侧，一侧的向下给另一侧以逆向的向上的力，好像翘翘板一样，参见图 2–7。最后，左右两侧分动的时间上相差 180° 相位的两个立椭圆因翘翘板的杠杆力联系又合成了一个大圆或 ∞，“自重、自动、自然”地、生生不息地转动，再加上翻掌转肘外撑内扤等立体的阴阳拧接，使得大圆之中有弧线，有 S 线，有阴阳鱼，有背丝扣，变幻无穷！

（四）正面迎敌——脊立轴、腰横轴，胯根如车轮

赵堡太极拳的弓步不是侧弓步，而是弓马步（参看本书肆“步法”一节中的“弓步”图示）。两者的区别在于：侧弓步的身体正面对着弓腿膝盖的方向，身体是侧着的，比如杨式太极拳的单鞭；而弓马步虽然也是一腿弓一腿蹬，但身体的正面却是像马步那样对着两胯之间的前面的，也即身体是正的，比如赵堡太极拳的单鞭（参看本书肆的图示）；杨式和陈式太极拳的云手都或多或少有身体的侧转，而赵堡太极拳的云手则不管双手双腿如何转动，身体始终保持朝向两胯之中的正前方不变。

也即赵堡太极拳要求脊柱从上到下中正如同立轴，虽然腰椎、胸椎各节以及腰椎与胯骨（骨盆）的连接处允许有很小幅度的水平扭转，但行拳或技击时应尽量避免。而两胯（骨盆）上部就好像是从立轴（脊柱）略微偏下的腰部横着支出去的、与立轴垂直相交的横轴。纵横两轴的相交处，也即腰以上和以下行拳和技击时要尽量朝向同一方向——正面迎敌。这是由于，腰和胯的上部虽然也可以上下、前后、左右小幅度地转 ∞，但由于连接处没有转换纵横方向的关节，所以它们围绕立轴转 ∞ 的幅度只能非常小。

胯根（两胯与两腿的连接处）的情况完全不同，它有很大的关节窝，就好像在横轴腰胯的两端安装了两个转向能力很强的万向节，使得两胯根及其所连接的两腿像连接在万向节上的车轮一样，在前后、上下、左右的三维方向上都可有大幅度的自由转动，加上时间上 180° 的相位差，可走出四维空间灵活多变的 ∞，见前面的图 2–7。

也许有人觉得赵堡太极拳的单鞭不够美观，但技击起来，特别是对于贴身

肉搏的引进落空、肘击肩靠来说，正面迎敌是距敌距离最短、最快捷的。同时赵堡太极拳单鞭的平掌与勾手、弓腿与蹬腿分居中正之身的两侧，外分内合的抱元守一更能体现出中正安舒的美感。

（五）更严格的头直身直腿直

头直身直。赵堡太极拳的“背丝扣”不同于陈式太极拳的“缠丝劲”。背丝扣要求头与脊柱始终保持直线，缠丝劲无此要求。比如，赵堡太极拳的云手虽然两手也均匀不断地上下、前后、左右运转不停，但头与身体的中线却始终是垂直于双胯之中的直线，不弯曲。

头直身直，使得上、中、下三丹田连成一条直线，有利于内气快捷通畅地行于督脉、冲脉，也就能够快捷地运用身体的各个部位进行技击。

头直身直也是背丝扣的基本要求。如前所述，背丝扣不但要求气和形在四维时空中划出如丝如缕、连绵不断、长短不一、角度各异的弧形双丝，而且双丝还要“扣”不离中，相套相搭在中线的一个点上进行聚散顺逆的变化。

腿直。指小腿垂直于地面，膝盖与脚尖的方向相同。各家太极拳都有腿直和脚尖对膝盖的要求，但赵堡太极拳的要求更为严格。各家多数是要求膝盖不能超出脚尖，而赵堡太极拳是要求小腿一般要垂直于地面。这样，技击肩靠对方时，即使对方闪开也不致前跌，能更好地保持自己的重心，进行后面的较量。膝盖与脚尖的方向也比各家的要求更为严格：赵堡太极拳的脚尖，要求从上身看与手同动、朝向相同，从下身看与胯根和膝盖同动、朝向相同。这样赵堡太极拳的脚尖几乎每时每刻都在变换方向，始终与膝盖朝向相同。脚尖与手、胯根同动、与膝盖朝向相同，使得内气的运行更整、更通畅，进而技击也就更加快捷有力。另外，小腿垂直加上脚尖更加严格地与膝盖方向一致，还可以更好地避免膝盖扭伤。

（六）尺寸架

赵堡太极拳小架有“尺寸架”之称，它是赵堡太极拳小架的一个重要概念。尺寸架并不是一般人所认为的高架，更不是身体不好的人才学习的架子；

而是更加精微、更加注重内气、技击性更强的拳架，是在明师正架（捏架）之后才能逐渐学成的赵堡太极拳小架较为高级的阶段。“尺寸架”有两个方面的含义。

一是为人和拳理方面的。这就是，首先要明白拳如其人、做人要有度量的大道理；其次要体会到“尺有所短寸有所长”“以内（气）带外（形）”的拳理。

二是具体技击方面的。这就是把拳架与中医对人体骨架以及重要脏腑和经络穴位的尺寸定位有效地关联起来，用以确定拳架中行气或技击所涉及的己身的各个重要部位，并确定各个动作姿势所击打到的对方的部位，这样在技击时就可以不假思索地出手即击中对手的特定部位，从而一招制敌。

比如，从腕到肘的长度是中医用来作为一个基本的度量单位“尺”，那么人体各大部位相距的尺寸可以据此而定：从腕到肘为一尺，从肘到肩为一尺，从额顶到咽喉为一尺，从咽喉到心窝为一尺，从心窝到两章门亦各为一尺，等等。赵堡太极拳的不少拳架都是充分根据这一特点来设计的。比如许多招式都要求两手之间的距离始终保持“一尺”，由掤变捋、由捋变採变挒变挤，由挤变按；由此均可以转化自如。再比如“迎面掌”这一式，当对方用一手推按己方肘至我章门时，己方只需用另一手把对方的手固定在自己肘的位置上，然后内旋己肘（肘往心中收）化开对方攻击的同时把对方拉入己方怀中；而肘内旋使己方的前臂的阴面翻向上，如果我手背顺势向外上方甩出，则手背必然会正正地甩击到对方的脸面上；如果我前臂内旋并下压对方前臂，则会与对方被固定在我肘上的手共同形成控制了顶端的两点合力，从而使对方不得不蜷身下跪(参看本书伍中技击术第十五式迎面掌的图示)。

“寸”的度量同样重要。中医常用指节来定义“寸”，手心正面中指的每一节为一“寸”，掌心则宽四指三寸。太极拳有发人要用“寸劲”之说。从劳宫内含的拢气蓄劲到劳宫外突的向外发力，一下就长出去一寸。再伴随肘、肩的由内旋转外旋的阴阳翻滚，阴阳掌（小指一面朝向对方的侧立掌）外旋放平，由侧立掌到平掌，一下又可长出三寸的距离，所以有“双手一放即为发”之说。说是“寸劲”，其实只是指手心从蓄到发以及掌由侧立到放平瞬间长出来的距离，而发出的劲力可不止一寸、三寸，而是快速螺旋前行、像波浪一样层层相推、源源不断的长劲，可穿透对方身体，可发人于几丈之外。同时，由于从小指到食指是依次落于对方身体上的，因而掌心手三阴经各自的势能、动程都是不同的，发出的力道也必然是不同的，有“一寸短，一寸长，还有一寸在中间”之说。太极拳高手练就的这种复杂的三合一力可搅乱对方体内脏腑，震慑对方心魄。

总之，精微的尺寸架是高超的太极拳技击法。

（七）多维多圆多立圆，圆圆相套相串相合

赵堡太极拳的多层次相套相合的圆特别多，竖向更长的立椭圆也特别多。比如前面提到过的，赵堡太极拳的云手是左右各划一个有阴阳拧接的立椭圆，两个立椭圆左右阴阳相对相合成为一个大圆。野马分鬃、倒卷肱、斜行、退步伏虎、吊打指裆捶等均是如此（后几式中左右两边的立椭圆不完全对称）。单个立椭圆之中，肘划小圆、肩划小圆，肩肘与手的阴阳拧接同步催动，像是有拓扑映射关系的一串圆，立体地联系在一起；而单侧肩、肘、手阴阳拧接的立体成串的三个小圆，又有左右两侧的阴阳相反相合，成为一个更加立体的大圆或∞。而上肢单侧的串圆与左右两侧合成的大圆或∞，又与下肢单侧胯、腿、足联成的成串小立圆、左右相对而合成大圆或大∞和谐同动；上肢阴阳转接或内外旋转换的拧接点，与下肢阴阳转接或内外旋转换点在运动中同时同步；而云手左右两边划圆的方向一顺一逆，你上我下，你向内我向外，在运行中始终形成合力。以上这些都受胯根的∞型转动和腹中的∞型气行支配。这就叫作“一动而全身无不动”，全身成为一个整体，从任何一处都可以发出全身的整劲。

另外，赵堡太极拳还有不少从中线起始、左右手朝两侧逆向分开划弧（∽形）的动作，这些逆向分开两手两肘的动作，因阴阳始终相对而内气相扣相连相合，从而形成一个外分内合的大圆。比如赵堡太极拳单鞭的后半程。

（八）耍拳与技击

赵堡太极拳主张打拳要像儿童嬉戏般自然，即“耍拳”。

学习赵堡太极拳，不需要专门花费一年时间来压腿抻筋、学习调息等。但

这并不意味着忽视身体基本素质的训练和调息，而是主张体质训练、调息与拳架学习同步进行、相互促进，提倡将体质训练寓练于乐、与日常生活（包括劳动）紧密结合。比如转缸、抓砖头、走大筐箩沿等（本书叁中有图片和详细解说）。提倡耍拳还激发了习拳的儿童、少年、青年们自发地创造各种锻炼体质或胆量的游戏来戏耍和竞赛。比如站立砖、到坟地打夜拳等等（详见本书柒“崔彦星先生习拳研拳轶事”）。这些如同玩耍的体质训练道法自然，既不枯燥又不拘泥于固定的形式，在日后推手、散打时就体现出敢于比试、灵活多变的优势来。

赵堡太极拳可直接用于技击的特点还有许多，限于篇幅，这里就不再一一阐述了。

总体来看，赵堡太极拳 75 式招招均可直接用于技击，特别是贴身肉搏术，而且常常是引敌入怀而制之，不是拒敌于身外。这应该是早期搏击的特点，是太极拳古朴面貌的体现。

三、拳架即养生功

以内气驱动外形是各家太极拳的共同特点，不管哪家太极拳，练习到了较高的层次都会有很好的养生效果。但赵堡太极拳在养生上也有一些很独特的地方。

（一）肘往心中收与内气的阴阳扭转和连通

前面已经详细介绍了“手从心中起、肘往心中收”就好比麦比乌斯圈的阴阳两面反接，在技击上有快速化敌转攻的功效，也介绍了足膝胯、手肘肩多节联动形成相互映射的、同步成串的麦比乌斯圈，以及赵堡太极拳的立体圆。这里我们要再强调一下，无论是中级阶段的“以外带内”，还是高级阶段的“以内带外”，手肘肩的麦比乌斯圈式阴阳反接与内气的运行都是联动的，特别是肘往心中的内收与丹田的气行的阴阳拧接更是直接相关。它使得赵堡太极拳行拳时内气在多维立体的圆圆相套相合中不断阴阳翻转着前行，如空中行云布雨翻滚着的蛟龙一般，有非常独特的养生效果。

（二）胯走 ∞ 带动身体四肢各节与多部位内气运行的映像连通

赵堡太极拳的初级阶段，先是学习行拳走架的方位和身体四肢的基本姿势。到了中级阶段，就要开始学习“肘往心中收”“胯走 ∞”等以胯阴阳虚实变换带动手臂翻拧连通阴阳等各节相套相合的串圆的动作了。这些动作会直接带动两胯之间气息分为两股并不断翻拧、相背相合地旋转，经过一段的练习，行拳者会逐渐感觉到两胯之间的气息运行，这就叫作“以外带内”。

“肘往心中收”“胯走 ∞”等身体各节的上述练习，还会使丹田气自然地逐渐充足起来，于是两气的分合、旋转、相扣和彼此借力也越来越明显。逐渐地，不用意识两胯之间的气也会活泼地旋转分合，肢体不用劲力来驱使而由背丝扣的两气来驱使了，这就达到了更加高级的“以内带外”的阶段。

总之，两胯之间有相背相合、不断旋转、不断翻拧的两气，其运行轨迹与手臂不断阴阳翻拧的“手从心中起、肘往心中收”，与“胯走 ∞”等肢体动作的运行轨迹是完全相同的，它们形成了身形各部分与内气拓扑结构一致的映像关系，有利于激发出行拳者的全身一气贯通。所以说，赵堡太极拳是很好的“动气功”。

（三）竖行周天，举手拂顶通天门

竖劲养气。气功界有句老话“竖劲养气、横劲练气”。前一句是说，沿着任督二脉或其他阴阳正经或奇经竖着循环行气是养气的，有利于元气的恢复培育和内气的增长。后一句是说，横着用力把劲发向自己的身外、发向对方，是“以气致胜”的练习，但也是耗气的。

赵堡太极拳虽然每势都有技击的用途，都可向外发力制人，但行拳架时，除却专为练习对抗，一般不向外发力。比如双臂的动作只是沿臂内侧趋气外撑，气满指梢并汇集于掌心，劳宫向外微微一突，然后马上手心自然回收，气也就从手心转而沿臂外侧回到体内，在自己的体内运转着养气了（具体参考本书叁“气行周天法”小节中的劳宫呼吸法和大周天的路线和连接点）。当然，技击对抗中若人先犯我，那气自然会横着发放到对方身上。

赵堡太极拳竖行养气的动作特别多。往下，要求行气下行要下到脚背脚趾，透到涌泉入地三尺。往上，要求以涌泉吸气向上，沿腿内侧领气进入下丹田后，沿督脉入泥丸再自然向下；也即气行周天（参见本书叁的“气行周天法”）。赵堡太极拳练习到高级阶段，75式每一式都气行一周天。

举手拂顶通天门。赵堡太极拳75式，手从头部百会上方约一两寸处拂过、掌心的劳宫回照百会的动作特别多，如起势、左右白鹤亮翅、斜行、上步金刚、退步伏虎、倒卷肱、闪通背、左右金鸡独立、回头看画、收势等等。完整地打一趟拳，单手拂过头顶竟多达30次以上！这是赵堡太极拳非常独特的地方。养生上，有助于引气过顶、气行周天；技击上，可以看管好头顶要穴。

另外，上文所述“正面迎敌”“头直身直腿直”的特点，也是与赵堡太极拳更为强调竖劲养气、强调气行周天彼此配合的。

（四）引阴合阳，背手抚臀固地户

与举手拂头相应，赵堡太极拳各式中反手抚臀的动作也不少。比如，起势、收势、四个斜行、退步伏虎等。背手抚臀是指，两手臂从身体侧前方向背后划半圆，同时从身前时的侧掌逐渐翻转至手心向后，最后以两手背平贴在臀部八髎的部位。身前属阴、背后属阳，手从身前划圆到身后，有引阴合阳，把阳气锁固在命门和会阴的功效。这样阳气向下可经足阳经抵达涌泉，向上可沿督脉与手阳经相会抵达肩肘。技击上，背手抚臀既可增加肩靠的威力，又暗藏偷袭对方裆部的玄机；养生上，背手抚臀有引阴合阳、帮助气行十二正经和奇经八脉、改善呼吸和消化功能的效果。

有外国客人问，你们赵堡太极拳怎么有这么多的摸头摸屁股？名师郑钧答：“我们这种拳，管天管地还管人的拉屎放屁！”是呀，现如今的现代化社会，人的许多疾病不都是由于呼吸和消化系统的不通畅而造成的吗？

（五）耍拳与养生

耍拳所蕴含的道法自然的理念对于养生也同样重要。对于中老年才开始习拳的城市人来说，更不需要专门一年的体质训练。每天坚持把 75 式打个 5~10 遍（打拳前做些伸胳膊压腿的热身活动还是需要的），筋骨自然会慢慢松开。对于呼吸，在习拳的初级阶段也只强调像平常一样地呼吸，待拳架熟练之后，经师父指点很容易体会到吸呼、蓄放、开合、拳架之间的关系，再进一步体会胸式呼吸、正腹式呼吸、逆腹式呼吸等不同的调息方法，逐渐达到打拳时可以自然地运用最合适的呼吸方式，最后还可以向养生效果最好的、返回婴儿式呼吸的“胎息”去进展。

另外，赵堡太极拳的不少招势都有变通的姿势可供身体状况不同时选择。比如二起拍脚，在身体情况不好时，可以用单拍脚甚至拍膝盖来代替；无力转身 270° 或 180° 就直接迈腿过去。在极度疲乏时，打最小、最高的架，划最小的圆，只以竖劲行气，完全不做横劲发力，动员内气绵绵不断地运转。打个一两遍，疲劳就缓过来了。

（六）拳架与易理、医理的合一

各家太极拳都是易理、医理合一的。下面只说赵堡太极拳的独特之处。

赵堡太极的胯走 ∞ 和带动手肘运动形成的背丝扣和麦比乌斯圈式的阴阳连通，肩胯、肘膝、指趾在东南西北各种方位上划出的多层串圆、阴阳合一圆，加上己方与对方的阴阳相配或相逆，正如杜元化《太极拳正宗》中所阐述的，由无极而太极而八卦再至八八六十四卦，用易理可得到立体化的说明。赵堡太极拳传承人中多有谙熟易理的先辈，如杜元化，如郑悟清，他们对赵堡太极易理的阐述，为后人留下了宝贵的遗产。现代有了解析几何，特别是拓扑学等新的数学工具和多维动态图像的描画手段，或许可以更加形象地揭示赵堡太极拳技击性强、养生功效好的秘密。

赵堡太极拳在医理上也有一些独特之处。比如，正面迎敌、头直身直腿直使气行任督和冲脉更加通畅；“手从心中起、肘往心中收”所带动的外肾（指生殖器官，睾丸或卵巢）提升及其与内肾的挤压，促进了腹部多个器官的协同运动；肚脐吸气、会阴与命门之间的内气激荡加强了横膈膜的升与降，可更自然地达到逆腹式呼吸；一人分两半、同侧同动的运动方式有助于同时锻炼我们的左右大脑，使左右大脑更加均衡地发展；等等。

赵堡太极拳的养生功效及其易理与医理，是中华文化和武学的宝贵遗产，值得更深入地挖掘整理。

四、拳理特点

“背丝扣”是赵堡太极拳重要的拳理，前面已经说过，这里只说太极图和道法自然。

（一）来氏太极图

赵堡太极拳取来知德太极图（图 2-8，又称先天太极图）作为基本原理。

图 2-8　来氏的先天太极图

图 2-9　通行太极图

与通行太极图相比，赵堡太极拳尊崇的来氏太极图有两个明显的特点。

一是来氏太极图的中间有一个白色的小圆，这个小圆表示的是“无极”。无极是宇宙万物最初始的状态——混沌一片，天地未分，阴阳未判，人体最初的状态亦如此。全套赵堡太极拳也是从无极开始，一动而分虚实阴阳，再由阴阳变幻出四象、八卦，最后又回到无极。这与道家“返回先天”“圣人如婴儿”的追求是完全一致的。由于来氏太极图包括了太极之前的无极状态，所以又称作“先天太极图”。

二是在阴阳（黑白）两分的第二层（太极层）上，阴阳（黑白）相抱的两个太极鱼没有了一般太极阴阳鱼的两个鱼眼，却多出了分居上下的一黑一白两条直线。在黑白各半之处（阴阳环径对称等长时），黑直线位居白色区内，而白直线位居黑色区内。和一般太极图的鱼眼一样，它们避免了出现阴阳各占50%的绝对平衡态。根据易理，阴阳完全平衡就失去了变化的动力，是不好的。现代热力学原理也说明，热气上升冷气下降趋向于冷热的相对平衡，但不会绝对平衡。因为，一旦冷热绝对平衡了，冷热将不再流通变化，世界就会死寂。同理，在阴阳势力的二分平衡之处，必须各自给相对势力留有存身之地，这样阴阳才有对转变化的可能。来氏太极图把直接通道留给了相对势力，使得阴阳的转化更加直接。

来氏太极图所蕴含的无极生太极和阴极生阳、阳极生阴、阴阳相对相抱相生等观念，是道家的基本观念，跟赵堡太极特别强调技击中要舍己从人的思想是完全一致的。我方被对方攻击到了极点的位置上的时候，其实也是对方即将失去其重心，敌强我弱的局面被反转的位置。我方只要能够更加快速地顺着对方用力方向再引进一点点，优势将转移到我方。

作为赵堡太极拳形而上的基本原理图，这黑白通道和先天与后天的生生转化关系所蕴含的哲理和拳理很值得深入挖掘。

（二）道法自然

道家的观念是，宇宙与人同循一理，形而上的结构相同，生成的过程也相同。宇宙（天地古今）与人共同的终极大理就是“自然”。即，古今天地都遵循“一元生两仪（无极生太极，混沌生阴阳）”“两仪生四象”“四象生八卦”“八八六十四卦”的大道而生生不息地、不依靠任何外在原因地自己发生、自己存在、自己演化、自己湮灭。

宇宙的产生符合来氏太极图的描述，图2-10是银河系的图片，它呈现出漩涡状的中心，外围有若干螺旋相对相抱之旋臂的圆形物，与来氏太极图十分相似。

图 2-10

是不是很像赵堡太极的背丝扣？通贯赵堡太极拳由低至高七层功夫的背丝扣——螺旋翻拧、相分相背又相扣相合的阴阳二气，相扣于丹田，又映像于身体四肢各节，全身一气，正是与宇宙结构相同的自然大道！

叁　赵堡太极拳的玩耍式体质训练法和内功法

一、玩耍式体质训练法

赵堡太极拳的特点之一是主张“耍拳”，它也有不少结合玩耍和日常劳作的体质训练法。下面是其中的几个例子。

（一）转缸

用缸口直径 1 米左右的大缸，斜搬起使缸底一边沿着地，以 10 米为距离，两臂正向旋转过去，逆向反转过来。此功法主要锻炼两臂的旋转力和运动中的控制力。而且在转动的过程中对腰部力量的锻炼是重中之重（图 3–1、图 3–2）。

图 3–1　两手抓缸

a

b

c

图 3-2　交叉手臂转缸

该功法过去常结合日常劳作。以前农户秋后常常用大缸来储存粮食，为了多装一些，还要把粮食倒入缸中再用木棍夯实。这重重的大缸要一个个整齐地挨紧码放到储存室中，这就是小青年们展示自己转缸身手的时候了。

与此类似的训练法还有“走大笸箩沿儿”。就是用脚踩在大笸箩的沿儿上快走。这练习的是人体的平衡能力、快速调节重心的能力，类似轻功——一旦踩死在一处，笸箩就会倾斜以致翻转，里面的粮食就会倾洒出来。现在河南农村已经没有了笸箩，所以无法用图片展示。网上曾有人转笸箩沿儿的照片，希望是真的。与网上照片不同的是，赵堡附近以前玩的走笸箩沿儿，笸箩里都是装了玉米粒等粮食的。听起来这好像是增加了笸箩底部的重量，从而稳定好走了，其实未必。因为如果走得不快不匀，粮食就会在笸箩里乱甩，不但会溢出，还会增加笸箩的不稳定以致扣翻。而如果走得快而匀，则粮食就会在笸箩里平稳缓慢地跟着旋转，跟用手转筛罗时一样。当然，这个走笸箩沿儿在劳作上就没有什么功用了，只是玩耍，还可以跟几个伙伴比赛。

（二）抓砖

此功法主要练习手指的指力。增加采拿中的力量和整力（图 3-3—图 3-5）。

图 3-3

图 3-4

图 3-5

（三）双人对靠

两人面对站立，伸两臂于胸前（图 3-6）。

图 3-6

松下两臂，两人向前上右腿，同时蹬腿松胯，彼此用右肩背部靠击对方（图 3–7）。

右腿收回，上左腿蹬腿松胯，彼此用左肩背部挨近右肩处撞击对方（图 3–8）。

图 3–7

图 3–8

除靠肩外，双人对靠还可以靠臀、靠腹部（下丹田）、靠腋下至臀的整个侧边等等。另外，与此类似的还有双人对打。对打互击的部位依次是：前臂的内关（上举击打内侧）、前臂的外关（上举击打外侧）、前臂的通里（下放外撑）、臀、前臂（两臂展开同时同侧小腿收起）等等。

二、内功法

（一）一二三内功法

1. 一哈

哈字开心润五脏。吐陈纳新。合精聚气，炼气化神，炼神还虚。炼虚还道，复归无极。

两脚平行，与肩同宽，自然站立（图 3–9）。

两膝微屈，两手相对相合于小腹前，意想两脚心涌泉穴吸地气沿两腿内侧向上行，相合于腹部神阙穴（肚脐）（图 3–10）。

图 3–9

图 3–10

吸气，沿任脉上行于胸中膻中穴处，两手相捧于胸前（图 3–11）。

两手翻转手心，继续吸气上行向上举于头顶百会穴上方；两虎口相对（图 3–12）。这时吸气经鹊桥上行于泥丸宫（上丹田）。

图 3–11

图 3–12

于上丹田微停。两手经左右两侧向下落，鼻和嘴同时呼气，深喉发“哈”音。两臂下落与肩平时，两手立掌，手心微向外凸（图 3–13—图 3–15）。气于上丹田下落，经两臂和督脉向下落。

图 3–13

图 3–14

图 3–15

手掌放平下落于身体两侧，全身放松，候气（图 3–16）。督脉气合于会阴下落，气向下沿两腿外侧下落于涌泉穴。

如此，连做 9 次。每次必候气到身，方可做下次。

图 3–16

2. 二哼

哼字开督脉、利膀胱。督脉为阳经之海。

两脚平行自然站立，微宽于肩（图 3–17）。

两臂打开吸气上行，高与肩平（图 3–18）。两手心、两脚心同时吸地气。

图 3–17

图 3–18

两手心翻向上，两臂向上伸直，然后手心相对握拳（图 3–19）。

两臂松肩垂肘，两臂内旋、拳面相对向地面下捣，同时下蹲，使背部拔伸，脊柱关节节节拔开（图 3–20）。

图 3–19

图 3–20

腰身完全放松。两臂分左右两边向后停于两肾腧穴处，同时吸气拔身站起（图 3–21、图 3–22）。

两臂松下，两拳变掌，放松于身体两侧（图 3–23）。

图 3–21

图 3–22

图 3–23

3. 三松抖

双脚自然分开，全身放松，自然上下松抖。以牙齿上下能轻微相磕有响声为宜（图 3–24、图 3–25）。

图 3–24

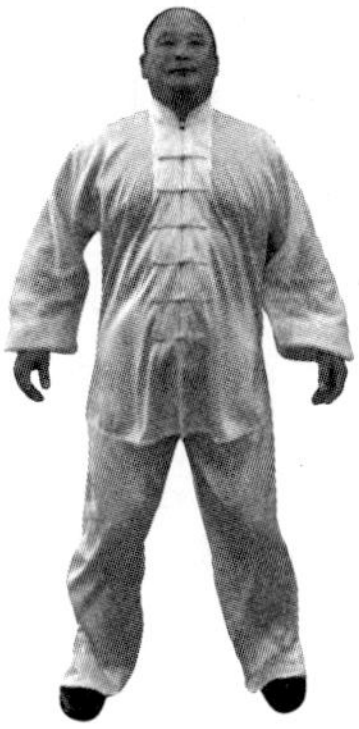

图 3–25

（二）气行周天法

1. 呼吸法

调息的进阶关系到太极拳的进阶，特别是大小周天的气行开通。下面按从低阶到高阶的次序依次介绍各种呼吸法。前面的几种与气行周天法无关。

（1）低阶胸式呼吸 又称“浅呼吸”。即从鼻或口吸气入肺，不待全部吸满即由鼻或口呼出。很少从事运动的人一般使用此种呼吸，长此以往则肺活量较小。以下均为深呼吸。

（2）高阶胸式呼吸 鼻吸口呼，呼吸过程中一直保持腹部内收。但吸气时两肋向两侧扩开，吸气至全满，肺较一般状态有更大的侧向扩张。然后以口呼气快速把肺气尽量排光。西方的舞蹈、普拉提等使用此种呼吸。它可以练出较大的肺活量，并塑造出挺胸收腹、胸廓平宽、腰及颈部向前的两条曲线弧度更大、符合西方审美观的身形。

（3）顺腹式呼吸 鼻吸鼻呼或鼻吸口呼，吸气时胸腹依次鼓起（胸腹两腔的横膈膜向前扩张），呼气时腹胸依次回收（横膈膜复位）。呼吸过程中肺较一般状态有更大的前向扩张，长此以往可增加肺活量。普通人在运动时会自然使用顺腹式呼吸。

（4）逆腹式呼吸 鼻吸鼻呼或内气呼吸。吸气时腰上鼓起（横膈膜前展、中部的拱形拉平），同时腰下（下丹田）回收（图 3–26[①]），呼气时腰下腹部鼓起、腰上回收（横膈膜拱形恢复）。逆腹式的吸气过程较顺腹式呼吸增加了腰下腹部的回收，其作用有：①为横膈膜之上肺的气容量打开更大的空间；②加速胸腔内气（不一定是肺气）下行渗透横膈膜进入下腹腔；③挤压了下腹腔原有的空间；④使下腹腔内气压紧而有了更大的涨力。而呼气过程中腰下腹部的鼓起，加强了横膈膜中部向上拱起的幅度，这更有利于肺气的排空。总之，逆腹式呼吸增加肺活量和促进内气运行的功能均较顺腹式呼吸强大许多，对养生多有好处。西方的美声唱法和中国各种戏曲的大多数唱法，经过正式训练的播音员、举重运动员，内家武术的中级阶段大多使用逆腹式呼吸法。

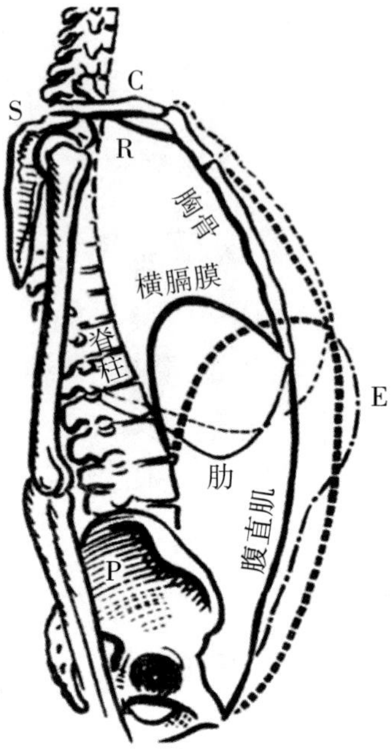

胸廓 肋 横膈膜 腹廓 吸气变化图

实线—正常的不吸不呼时的位置
粗虚线—顺腹式呼吸吸气的极点位置
细虚线、点划线—逆腹式呼吸吸气的极点位置

图 3–26

（5）胎息 胎息是回到先天状态的呼吸法，与人出生之前在娘肚里的胎儿呼吸状态类似：经由口鼻的肺呼吸尚未打开，脐带是呼吸和汲取营养的主要通道。此外，头顶的囟门（百会）、腋下、会阴、涌泉、劳宫等较大片的皮肤较为松弛处，以及全身皮肤的所有毛孔，都是胎儿在子宫中呼吸和营卫的辅助通道。胎息就是使用这些主要或辅助通道的呼吸法。具体有如下几种。

①肚脐呼吸法。即神阙穴下丹田呼吸法。下丹田位于脐内，内藏胎元之气，属纯阳之气。人在母亲体内未出生时，通过脐带吸取母体之营养、气、精、津液，代谢之后的废气由脐带通过母体排出。这就是先天呼吸——胎息。婴儿出生落地后，剪断脐带，先天一点真阳落入脐内，先天之气归入体内，肚

①图片引自威廉·文纳著《歌唱——机理与技巧》（李维渤译，世界图书出版公司）第 44 页。

脐呼吸封闭，胎息即止。随着婴儿落地的一声啼哭，咽喉开了，口鼻开始呼吸。后天之气（呼吸）开始工作了，一个新的生命才能存活。肚脐呼吸法是借先天一点真阳之气激发体中内气的产生和运行，增强人体机能和生命活力，修炼以精气神聚。意想用肚脐呼吸，先吸后呼，吸气百脉皆聚神阙，呼气时百脉皆开，随经脉气血行走于四肢百骸。

②命门呼吸法。命门穴位于身后第二腰椎和第三腰椎棘突之间。命门丹田位于左右两肾之间。肾为先天之本，命门阳气充足，肾精充实，精气才旺实。《难经》称命门为“呼吸之门，三焦之源”。命门火虚则三焦运化不好，命门阳气充实则三焦运化正常。命门呼吸法在肚脐呼吸成熟之后进行。吸气时将气引至命门部位，使气贴于腰椎部位，用意识引导内气在命门丹田上下前后运行。初用意念引导，逐渐达到不引自动，是为命门呼吸法练成。然后才可行会阴呼吸法、百会呼吸法。

会阴呼吸法、百会呼吸法一般需有师父指导方可进行。或有自然天成者，但世上稀少。因容易出偏差，这里略过不表。需知，各种用文字或语言描述的这些高级阶段，均为功成之后的验证，而不是得功路线图。少数自然得道者，实为天成。独自照本修炼者终与正果无缘，切记切记！

③皮肤呼吸法。全身毛孔亦可成为呼吸通道。吸气时天地精华之气经由全身毛孔吸入体内，与体内内气混合并压紧收缩；呼气时内气涨开，将体内代谢出的废气浊气经由全身毛孔排出。呼吸之间，体内内气得以绵绵不断、生生不息地新陈代谢。

④涌泉呼吸法。涌泉呼吸由前肚脐（神阙）、后命门控制。一般是先呼后吸。呼气时下丹田内涨开之气沿腰间臀部与带脉交汇的足三阳经从腿外侧下行，下至脚踝脚背趾梢，再集中到脚心涌泉呼出。呼气根据功力和需求可呼出即收，也可扎地三尺。然后开始涌泉的吸气。吸气时所吸之气已滤出了呼气中的废气浊气，换入了大地精华。经涌泉吸入后，循足三阴经从腿内侧上行至腹底部，经横骨或腹股沟返回下丹田，补充下丹田的内气。涌泉呼吸的一个周行是由下丹田控制的沿足阴阳经络的阳降阴升、阳呼阴吸、阳发阴蓄；降—升、呼—吸、发—蓄的转换在涌泉。

⑤劳宫呼吸法。劳宫呼吸由中丹田的前膻中、后夹脊（狭义，指督脉的神道穴，详见下面的“小周天行气通关要匙”）控制，先呼后吸。所谓呼气，就

是内气沿手三阴运行催动手臂远离人体躯干的过程：内气沿起于腋下或乳上的手之阴经前行至指梢，气满指梢和手心后经手心的劳宫穴向外发出，根据功力和需求可发出即收，也可发人于数米之外。之后开始劳宫的吸气。吸气时所吸之气已经过新陈代谢——滤出了呼气中的废气浊气、换入了天地间精华之气。所谓吸气，就是内气沿手阳经运行催手臂收回人体躯干的过程。吸气时劳宫内收、手指略放松，内气沿起于手指之间的三条阳经循经通过手背、手腕的外半圆、手臂外侧，在肩胛前后汇入阳维脉，经脖后两侧、耳侧上行，汇入督脉。劳宫呼吸的周行是由中丹田控制的手阴阳经络的阴出阳收、阴呼阳吸，使两臂离远或回近躯干；呼—吸、离—回的转换在劳宫。

以上几种呼吸法综合起来就是胎息。胎息绵长细微、心跳缓慢而全身内气运行不息，对养生延年有极大的好处，是比逆腹式呼吸更高级的呼吸法。“冲而不盈”“虚而不屈、动而愈出”“绵绵若存、用之不勤”，是之谓也。

2. 周天行气法

太极拳为内家拳，主张内外兼修、动静兼修。打通大小周天的周天行气法，就蕴含在太极拳的行拳调息之中，是太极拳达到高级阶段的体现。赵堡太极拳的周天气行路线、打通方法，与静气功有类似处，与其他太极拳相同之处更多，但也有自己独特的通关要匙。

达到气行周天与行拳的合一，需按筑基、小周天、大周天的次序逐级进阶。

（1）第一阶　筑基：练太极拳的最初阶段，以松柔、中正、抱元守一、呼吸自然为目的。

松柔、中正。肌肉、筋骨、各个关节要松，头与脊柱要正直，两胯与脊柱要十字相交，重心要在两胯之中。更重要的是大脑要轻松，心要静。

何为心静？如何静心？人之为人孰能无思？静心其实是说，思想如风，让它们流过心，不在心中留驻——随它去，心中只余一片祥和。

抱元守一是说，以目观鼻、以鼻观心、把心放到肚子里，守住自己的元精、元气、元神，维护自己身前那一团祥和天地。

最后，祥和之心、松柔中正之身、两膀两腿弧形相扣之动作和呼吸自然相配合，一开一合、一升一降、一吸一呼，彼此和谐同步。一般来说，开为吸、为升、为蓄，合为呼、为降、为发。

此阶段以滋养元精、元气、元神为主，为筑基之功。

(2) 第二阶　小周天[①]　小周天的气行路线，武学、道学、气功学各个支派的讲述相差不多，下面着重谈我们的撮要、呼吸法和通关要匙，气行路线仅简单说明。

①小周天撮要。连通人体主体部分（躯干与头）前后之垂直中线上的督脉（阳）与任脉（阴），气行阳升阴降，使前后分立的任脉与督脉在腹、胸、颅三腔产生内气的横向鼓荡（腹腔的肚脐与命门，胸腔的膻中与夹脊神道穴，颅腔的玉枕与印堂），并通过接通任督二脉在鼻、口、咽三腔建立内气的纵横多向鼓荡。这样，人体主体部分并各腔连通为内气周行不已的一体。

②小周天与逆腹式呼吸法。通过筑基阶段呼吸自然、抱元守一的修炼，精气、元气渐足。在此基础上，呼吸会自然逐渐达到顺腹式呼吸。气行小周天则要更进一步，至少要使用逆腹式呼吸法。

逆腹式呼吸吸气时肚脐内吸、横膈膜向前推展拉平（参看前面的肚脐呼吸），加快了胸腔内气向腹腔的渗透，使下腹部的内气增多，同时又挤压了腹腔空间，使得其中的内气压紧，以更大的涨力压向腹腔海底的会阴。呼气时横膈膜放松向胸腔拱形回收，命门用力，下腹部撑开肚脐外鼓，使腹腔空间加大，腹腔的内气松涨开去，会阴的压力解除。这样，吸呼的不断交替使腹腔的内气逐渐充足，而且对会阴产生周期性的压力，刺激会阴产生周期性的缩放。待会阴缩放渐强、腰部（即带脉）气感强烈，即可开始习练小周天。

胎息法的肚脐呼吸、命门呼吸对于气行小周天也有特别的好处。吸气时命门向内拢气至贴脊、肚脐内收，呼气时命门向外撑气至肚皮、肚脐外涨，这与可推动小周天运行的逆腹式呼吸的肚脐收放相同。因此，意想肚脐呼吸有助于掌握逆腹式呼吸；反过来，在掌握逆腹式呼吸的基础上保持意想肚脐呼吸也有助于尽快达到呼吸的最高阶段——非肺呼吸的胎息。

---

①道家丹道学的大小周天分别指以年为周期和以日月为周期的内丹修炼法，与我们这里介绍的行拳时的大小周天行气法不完全是一回事。但逆腹式呼吸、胎息、抱元守一和下面所说的气行督升任降、闯背三关、搭鹊桥、咽津等两者又是相同的。

③小周天的路线。见图 3–27［仅列最有代表性的穴位，图中横线表示任督分界，箭头表示气行方向。垂直向箭头中，双线空心箭头为身体阴面（前面），单线实心箭头为身体阳面（背后）。带方框的神阙穴是小周天的起点也是小周天的终点］。

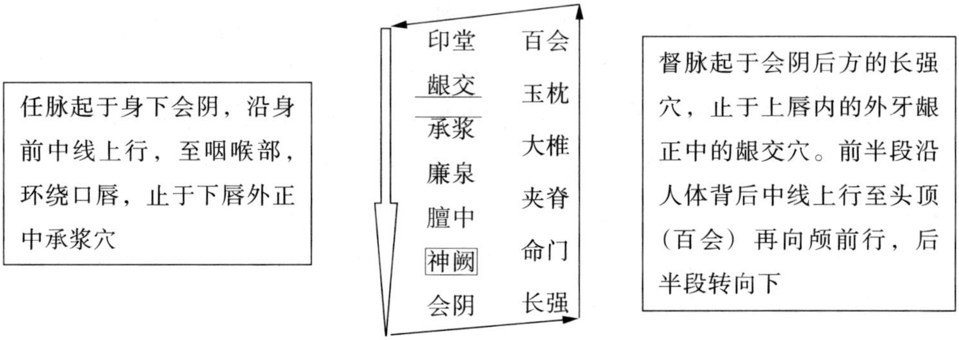

图 3–27

④小周天通关要匙。督升任降中更难的是督升。其原因大约一是由于督脉要打通的是脊椎内部的气行通道，二是其上行是逆地心引力的方向，需要更大的动力。

⑤督升。督升是吸气蓄收过程，有三个关键的通关点，被称为“背三关”。

长强。打通长强是任（阴）、督（阳）两脉接通的第一关，是引内气入脊、转为上行的关键，打通极难。丹田气充足是首要条件，此外以下几点可能有帮助：意守命门，意想命门拢气至气贴脊。行逆腹式呼吸（或胎息），在吸气过程中意想从肚脐、从全身毛孔缓慢向内吸收天地精华。缩肛（闭谷道）、提会阴、卷尾闾、臀部松下并胯骨沿底部（海底）圆弧状向前铲卷（赵堡称之为“溜臀”，使后天形成的腰后曲线拉直），小腹自然向前收卷（俗称“裹裆”）。以上动作有助于增加对腹腔内气的挤压，增加内气的涨力又避免其外泄（气包丹），有助于激发会阴周期性缩放，打通长强。在这些动作成为习惯、再无需意识之时，如果丹田气足够充足，或可打通长强。切忌意识过重，意识越重越打不通。

夹脊。夹脊有广义、狭义两种定义。广义的指位于所有的胸椎（12 节）和腰椎（5节）椎体两侧棘突、后正中线旁开0.5寸处的共17对穴位；狭义的则仅指“夹脊双关”。对夹脊双关也有不同的说法，一种认为是指命门、神道（与身前膻中相对）两穴；另一种则认为是指神道穴（或说脊中穴）及其旁开0.5寸处的一双穴位，也称为“双关一窍”。本书取神道穴的说法，具体原因容另文阐述。从尾闾沿督脉上来气行转为向上，好似爬坡，需要更多的内气推动，因此夹脊是很难冲过的第二关。

玉枕。玉枕是由脊入脑（泥丸宫）的关隘，通过更难，因为泥丸宫为脑体占满，似乎已没有一点间隙，须得内气更加充足，方可“以无有入无间”。以下几点可能会有帮助：收下颌，百会上领，耳根竖起（这三个动作使后天形成的项后曲线拉直），面颊肌肉放松，嘴角微向上内收（似笑非笑），大牙微用力相扣，舌抵上腭，鼻根竖着吸气，以目力内视上丹田［注意：“舌抵上腭”其实是舌头放在最自然的位置——舌尖轻抵上门牙后面的牙龈，舌尖及舌体靠前的部分（舌面前）平铺，成片地贴在齿龈和上腭前部，舌面中后则塌下。这样，舌体中段有竖起之感（╲╱￣）。领气、蓄劲时舌头整体自然微后缩，坠气、发力时舌头整体自然前推摧齿］。

入脊之气一旦通过玉枕，即进入与百会相通的上丹田泥丸宫。百会上领和内视印堂有助于引发上丹田引领内气在颅内前行至颜面印堂，到印堂之后转为下行。

印堂、龈交。内气已转为下行，需注意要及时松耳根、大牙，以避免气冲头。但收下颌、百会上领、嘴角上提微咧、鼻根竖着呼吸需要保持。

⑥搭鹊桥与任降。龈交之后转为呼气过程，也有几个关键点：督脉与任脉的接通。包括督脉端点“龈交”跟任脉端点“承浆”的接通，以及唇内外的龈交、承浆与口腔、咽喉（廉泉）的连通。龈交与承浆，一上一下分别位于唇内的外牙龈正中和唇外前正中。它们彼此的接通是上下接通，而它们与口腔、咽腔的接通是前后接通，是唇与腔的接通。舌和嘴角对于两个接通都起重要作用。嘴角的上提微咧（似笑非笑状）使得唇与外牙龈之间有了上下连通的微小空间，还使这个小空间与口腔咽腔以至喉部的大空间有了前后连通的微小通道（嘴角→嘴角所对的齿缝→舌的两侧边）。当气行至龈交时，嘴角要更加内收一下，同时气往齿龈桥后的天池穴一嘬，把原本舌抵上腭平贴在天池的舌面更紧地吸向天池穴。这一吸力引发舌的微提，使得上下外齿龈的空间加大，打通了

上下唇与口上下外齿龈及其口腔的通道，就像开关合拢一样连通了任督两脉原本断开的通道，这就是“搭鹊桥”（参看后面的“气行周天与咽津”）。接通任脉后要及时咽津并松尾闾、臀沟，胯底复原位，意想内气向下行去直抵会阴，内气充满下腹，像千斤顶一样使全身向外、向上涨开。

总之，肚脐→会阴→‖长强→百会→龈交→‖承浆/廉泉→肚脐的小周天路线（“‖”代表任脉和督脉的分界）接通了人体正中的阴阳两脉，内气形成阳升阴降循环，会使人体能量大增。

对于小周天的路线，各家武学、气功学都相差不多，特别之处只在督脉的通关技巧和“搭鹊桥”的具体方法。但其实这些技巧并不是很重要的，重要的是静心守一，养得丹田内气活泼且充足，让小周天诸关口自然冲开为最好。

许多人照本循经，用意识导气去通小周天，往往误入歧途。

(3) 第三阶　大周天　与小周天不同，武学、气功学、道家、佛家对大周天的理解都不相同，武学各家对大周天，特别是对大周天路线的说法也各不相同。大周天是赵堡太极理论中十分重要的概念，有“赵堡太极拳每式均气行一周天”之说。这里仅就作者多年行拳的实际体悟，谈谈对赵堡太极拳法所蕴含的大周天运行路线、路线连接点的体悟，有不确之处还望方家指正。

①大周天撮要。在任督阴阳二脉连通（小周天）的基础上再增加以下环节：a. 打通四肢在人体梢节端（脚心、手心）的阴经与阳经；b. 打通四肢经络与人体主要部分任督二脉的连接；c. 连通人体主要部位任督之外的其他阴阳经络，包括奇经奇穴。也就是说，大周天的气行使人体各个经络都成为内气运行的连通体。

行大周天比行小周天需要更多的内气，需要打通更多的经络和穴位，所以难度要大得多。

大周天的运行路线各家看法不一，这应该是由于，当整个人体的所有经络和穴位都打通并内气充足的时候，内气的运行本来就是“条条大路通罗马”。下面仅谈谈赵堡太极拳法中用得最多的一种。

②大周天的路线和连接点。赵堡太极拳各势中最常用的大周天路线可十分粗略地示意为图 3–28（四肢简化为一腿一臂，腿放在身体的下方、臂放在身体的侧方。手足三阴或三阳的三线均简化为一线，三阴或三阳与躯干经络的三个交汇点均简化为一点。人体各部和穴位之间的距离比例忽略）。

图 3–28 的中间部分与小周天相同，是连通了督脉与任脉的阳升阴降。而两上肢和两下肢的气行路线其实分别跟前面说过的劳宫呼吸法和涌泉呼吸法的气行路线相同。图 3–28 中四肢也是以实线箭头表阳面（外侧）的气行，空心双线箭头表阴面（内侧）的气行。涉及腿的符号有：@表示下丹田的两个控制点肚脐和命门，两者间的虚线表示在腰间一圈连接了两者的带脉；①表示带脉与足三阳经的交汇点，也是从带脉转向沿足三阳下行的起点；②表示足三阳与足三阴的汇集接通点（涌泉）；③表示沿足三阴上行与躯干的连接处，即腹腔下部的横骨和腹股沟；小的虚线箭头表入腹后的最后汇集点（肚脐）。涉及臂的符号有：ⓑ表示中丹田的控制点夹脊和膻中，两者之间的虚线表示它们之间的内气鼓荡关系；④表示内气鼓荡与手三阴的交汇点，同时也是手三阴的起点和气行转向沿手三阴前行的起点；⑤表示手三阴与手三阳的汇集接通点（劳宫）；⑥沿手三阳上行至肩胛前后汇入阳维脉；⑦再汇入督脉。

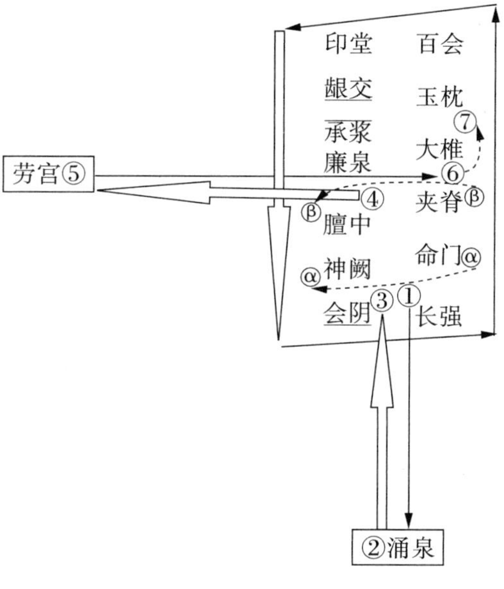

图 3–28

总之，大周天路线是：

①人体主要部分（躯干与头）：中线上的阳升阴降，也即督升任降。

②双腿：阳降阴升，也即沿足三阳下降，沿足三阴上升。阳降，由任脉和

督脉的肚脐和命门控制，始于腰周带脉与足阳经相交处，沿足三阳（腿外侧）下行，降到足三阳的终点之后透过脚趾脚背汇集到属于阴经的脚心涌泉。阴升，其起点也是涌泉，由涌泉沿足三阴上升，至身下横骨或腹股沟进入腹部回到下腹部，再汇集回肚脐。这一路线主要是十二正经“足之三阳头走足，足之三阴脚走腹”的一段加上奇经带脉的一段。

涌泉是双腿阴阳的连通点，也是内气与外界进行新陈代谢的交换处（参考涌泉呼吸法）。

双腿与躯干的连通，阳经在腰胯，阴经在腹下。

双腿这一周行路线的阳降从带脉连通足三阳，使得下腹的前部与后部撑开又相合，腰与胯、臀、腿外侧相合，有利于形成拳论中所说的“裹裆”或气功界所说的“气包丹”。阴升则使得经过与大地之气新陈代谢之后的内气不断充入下丹田。

③双臂行阴出阳收。阴出由督脉的夹脊（神道穴两侧）和督脉在身前的分支控制。臂的阴出由身后督脉上的夹脊穴和身前的膻中穴控制，通过两穴在中丹田的内气鼓荡使内气分布至手三阴的起点（腋下、乳上）。从起点沿手三阴（臂内侧）前行，至手三阴的终点手指之后汇集到属于阴经的手心劳宫。臂阳收的起点也在劳宫，由劳宫吸气透过手指手心到手背指间的手三阳起点，沿手三阳（臂外侧）上行，在肩前肩后先后并入阳维脉，沿阳维脉上行至颈侧、耳后，汇入督脉。手的这一路线主要是十二正经“手之三阴胸走手，手之三阳手走头”的一段加上奇经阳维脉的一段。

劳宫是双臂阴阳的连通点，也是双臂与外界进行新陈代谢的交换处（参考劳宫呼吸法）。

双臂与躯干的连通，手阴经在腋下、乳上，手阳经在肩前、肩后。

双臂这一周行路线的阴出由背后夹脊（神道穴）向身前膻中穴的气行控制，使胸腔向前向外的撑开回收以及手臂的外发都与后背的脊柱及其所有肋骨连为一体，有利于形成有绵绵不断外挪之力的“胸前一圆”以及与督脉虚领顶劲的共存和谐。也即手臂的外挪和内收均与后背和肋骨合为一圆并上领，这是“含胸拔背”的含义。“含胸”是指胸随着背部的外展圆弧而弧线展开，并非指胸要瘪缩进去。所以笔者在2005年出版的光盘录像上提到，“含胸”易引发误解，还是说“顺胸”更好。另外，打通这一路线还因其阴出涉及腋下、乳上，阳收涉及肩前、肩后，内气可分别从下和上两个方向进入肱骨（上臂上端）与肩胛骨连接的骨窝，并通过锁骨与肋骨衔接。所以手三阴负责的臂的内旋、外旋，是腋下、肋骨、肩胛的内气催动，有“滚肩束肋”的效果。

可以看出，四肢与躯干的连通需要正经手三阴三阳、足三阴三阳，也需要奇经、奇穴的连接和任督的统领。也即，增加了四肢的人体的阴阳连通体是个十二正经与奇经共同组成的经脉网络。

④大周天的其他路线。以上介绍的是赵堡太极拳最常见的路线。此外，a. 也有些动作需要直接使用冲脉、阴阳跻脉等奇经，也即上面所述并不是唯一的路线。b. 气行方向（主体阳升阴降、双腿阳降阴升、双臂阴出阳收）也不是唯一的，拳界、气功界有“（任督气行）顺则成人、逆则成仙”之说，上面介绍的路线属于后者，行拳中有时也需要前者。比如可以有从足腿内侧的肾阴经直上进腹部后走冲脉，沿身前的肾阴经直接上升的路线。至于双腿双臂，特别是双臂，涉及两到三层的阴阳关系，简单的阴阳升降更无法全面涵盖。c. 如本书贰所述，太极拳特别是赵堡太极拳法中很常用的还有一人分两半，各行不同的路线。比如，左手过耳右手过头（起势）、右上左下或左上右下（如左右金鸡独立）等等。这是因为督脉的腰椎胸椎其实在中线旁开半寸的地方还有 17 对对称的穴位（广义夹脊穴），其他经络也是据中线等距对开的两条。因此可以像翘翘板一样一升一降，阴阳相反而相成，合为一个太极圆。

周天路线可以在拳架熟练之后在“以外带内”的阶段作为参考，在最初的学架、正架阶段和更高的“以内带外”的阶段，都不宜多想；恭敬、放松、静心、中正、顺其自然，才是重中之重。但在中间的“以外带内”的阶段可以有意识地去体会内气的运行，如果体会到了内气的运行，可以学习道家内丹功法的文献，验证自己气行的路线，这或许可以促进达到“以内带外”的阶段。

习太极拳可以在潜心习练之中打通全身经络，跟内丹静功有异曲同工之妙，也可与静功相互补充、彼此促进。

全身经络流通不息的太极拳高手，身体是一个处处充满内气、内气处处运行不息的连通整体，如遇外力攻击，则“击左左空，击右右空，如充气而圆，无处受力；似簧机受压，反弹随势。压之重而弹愈强，力之沉而空愈深”。

(三) 气行周天与咽津

气行大小周天还需玉液金津(也称“胎食”)的配合。这是因为,气行周天需要降心火于肾水之下,交通心肾,取坎填离,水火既济才能炼精化气,炼气还神。行周天需要补充更多的肾水,否则就“烧干锅”了。有的习练者为打通大小周天,一味地引气入脊、引气上百会,结果是心中虚火上升、耳鸣牙痛、头昏目眩;这除了没有及时收下颌意守上丹田之外,还有心火未降且肾阴不足的原因。

那么,如何补充肾水滋养肾阴呢?方法是行周天一定要配合咽津。“咽津”,常有人说就是咽唾沫,其实并不完全准确。“咽津”的“津”,是入静放空、抱元守一、内气周身运行时由上腭、舌下涌出的甘甜清澈的涎水。咽津在行气至连通督升任降的机关“搭鹊桥”时进行。

有道是:“一吸便提,气气归脐;一提便咽,水火相见。”前一半说的是周天行气开始吸气阶段的动作和效果:“一吸”指肚脐开始吸气;“一提”指提会阴、卷尾闾、提命门(横膈膜中部的拱形放平,整体向前伸展,是肚脐向命门吸气的自然反应),从而启动督升的过程;“气气归脐”是指吸气时百脉皆聚神阙,即肚脐向内收不断聚集由鹊桥、涌泉、劳宫、腋下以至全身毛孔吸来的内气。需注意,督升的前提是下丹田内气充足,全身经络通道的内气充足,而不是把下丹田的气提到上丹田而下丹田放空了。下丹田好像是车辆调度场,不断地有派出的车辆也不断地有返回的车辆,总留有充足的车辆储备,但储备的车辆却是不断变动的,返回的车新加满了油,随时可以出发。

后一半说的是呼气过程开始时的动作和效果,也即连通任督二脉的“搭鹊桥”动作前后的过程及效果:“一提”开始于搭鹊桥之前,气行沿督脉上升玉枕之时就要收颌提顶、提耳根,这时气继续上行至泥丸、前行至颜面,同时口中便会有玉液涌出;而气行继续向下至督脉终点龈交的时候,就要“搭鹊桥”了——嘴角要更加内收一下,同时口腔向上齿龈桥后的天池穴嘬吸,嘬吸使得原来平贴在天池处的舌面向上一提而更加贴紧;“便咽”是指搭鹊桥的动作会当即接通任脉,一方面气行会转沿任脉下行,另一方面还会马上引发口内玉液被吮至舌根，这时放平舌体咽下玉液，其效果是交通心肾（补充肾水，降心火于肾水之下），从而得以炼精化气，炼气还神。

赵堡太极大师郑悟清先生说得更为形象："……气从口入非自口，却从嘴角入小肠。气从鼻出不是出，鼻送五脏入膀胱。更有口法真妙诀，似闭不闭张不张。"这几句中说的人体部件名称指的都是实体而非经络，阐述的是人的主观感受。第一句就是我们前面已经提到过的，心要宁静，嘴角要上提微咧，如似笑非笑状，这样才能使上下唇与上下齿之间、齿与舌边、咽腔之间有内气通行的小通道，这是促发玉液涌出的关键。如果双唇紧闭，即使猛转舌头也难生玉液。而玉液的下咽要先搭鹊桥，之后要沿着舌两边的通道下咽，就会感觉玉液好像沿两条分开的路线缓缓地流下，很舒服地通过胃而进入了小肠。如果从舌上面的正中下咽，即使是小口咽，也常常会觉得有东西滞留在了食管或胃里，不舒服。第二句说的是呼气，但也与咽津有关。说的是不要从鼻孔横着吸呼，而是用鼻根竖着吸呼——用鼻根向上方吸气，感觉所吸之气是贴脊柱竖着上行的；用鼻根向下放呼气，感觉呼之气是从身前体内竖着下去的。这里说的吸和呼其实是内气的吸呼，而非经由口鼻的肺气吸呼。用鼻根进行贴脊的竖吸和体内身前的竖呼，十分形象地描述出内气呼吸的主观感受。只有达到了内气呼吸的阶段，才会有真正的金津玉液涌出，才能真正下咽至肾，补充肾水并使之降至心火之下。

（四）气行周天法概总

气行周天首先要形松、心静、调息。唯有求静入空、抱元守一，才能内气冲腾。守一并非只想着下丹田，如果气仅在下丹田滞留集聚着不动，则全身内气亦皆停滞，只能结出死丹死胎。守一是要守住自己的元精、元气、元神，与外界的交通是"一发即收、吐故纳新"，切忌外放不收。调息是要逐渐进入先天的内气呼吸状态。形松、心静、调息之外，顺其自然，不要整天惦记着通周天。正如《文始经》云："忘精神而超生，见精神而久生是也。忘精神者，虚极静笃，精自然化气，气自然化神，神自然还虚也。见精神者，虚静以为本，火符以为用，炼精成气，炼气成神，炼神还虚也。"——忘精神为更高境界。

肆 赵堡太极拳基本姿势动作及七十五式图示分解

一、 赵堡太极拳的基本姿势和动作

（一）手法

掌：有立掌、平掌、反掌、侧掌、按掌、插掌等。手指自然平伸，中指和食指、无名指有微微上挑之意，拇指微向食指靠拢，小指和拇指有相合之意，五指均有相合之意，掌心要虚（图 4–1）。

勾手：四指合抱拇指，放松不用力，手腕与前臂平（图 4–2）。

拳：四指弯曲，指尖贴于手心，大拇指弯曲压在食指和中指第二指节上，握而不紧，虚中有实（图 4–3）。

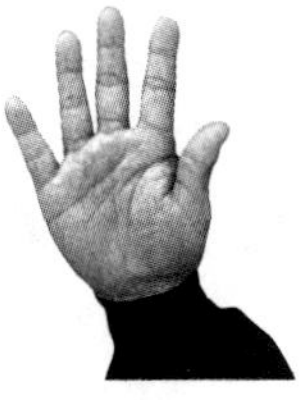

图 4–1

图 4–2

图 4–3

（二）步法

平行步（顺步）：两脚平行分立，与肩同宽（图 4–4）。

虚步：一脚支撑重心，另一脚前伸，脚尖点地。虚步时要屈膝松胯，虚实分明（图 4–5）。

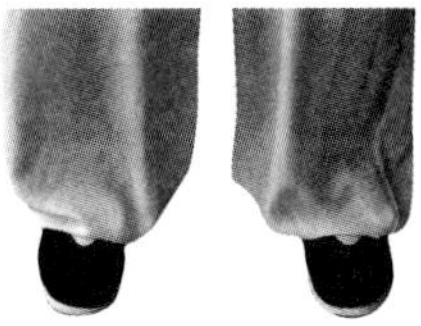

图 4–4

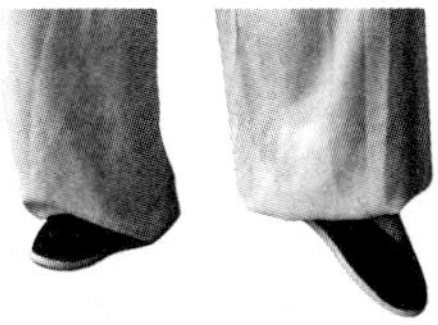

图 4–5

弓步：一腿屈膝前弓，膝部与脚面垂直为实腿；一腿平伸微屈、脚微扣；身体正面朝向两胯正中，而不是朝向前弓之腿。弓步要不贪不欠（图 4–6）。

仆步：一腿屈膝下蹲，一腿伸直铺地，臀部离地面约 15 厘米左右，可抬高移动（图 4–7）。

独立步：要求用一腿独立支撑身体，直而不僵，另一腿屈膝提起，膝与胯平，小腿和脚微内扣（图 4–8）。

图 4–6

图 4–7

图 4–8

坐步：一腿在前，另一腿交叉在后，后腿膝盖位于前腿腿弯处（图 4-9）。

马步：两脚分开，脚尖微向外摆，两腿屈膝下蹲，如人骑在马背上的姿势（图 4-10）。

丁字步：一只脚在另一只脚的中间，脚跟在后，脚尖朝前，如丁字形（图 4-11）。

图 4-9

图 4-10

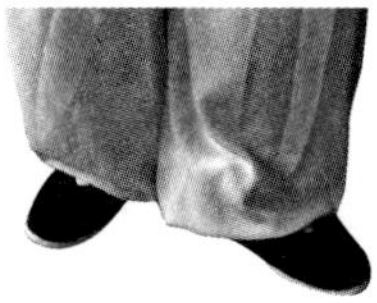

图 4-11

（三）身法

身法八要：起、落、进、退、反、侧、敛、放。

“起要横，落为顺，进步低，退步高，反顾身后，侧顾左右，敛如伏猫，放似纵虎。以中平为宜，以直正为妙，与三节相宜”。

（四）眼神

练拳时眼睛平视近前方，微向上看，运动过程中不可一味看手，要照前顾后，侧顾左右。眼为心之苗，反映内心的变化，故在练拳时要以眼观心，以心观脐，心注脐下，返观内视，静心守一、安神。

二、赵堡太极拳七十五式名称

无极（预备式）
第一式　太极起势
第二式　金刚搬拦捶
第三式　懒扎衣
第四式　右白鹤亮翅
第五式　单鞭
第六式　斜金刚
第七式　左白鹤亮翅
第八式　斜行
第九式　拖枪败势
第十式　拗步
第十一式　斜行
第十二式　转身拖枪败势
第十三式　拗步
第十四式　上步金刚
第十五式　退步伏虎
第十六式　擒拿、串捶
第十七式　肘底藏捶
第十八式　倒卷肱
第十九式　左白鹤亮翅
第二十式　斜行
第二十一式　迎面掌（海底针）
第二十二式　闪通背
第二十三式　右白鹤亮翅
第二十四式　单鞭
第二十五式　云手
第二十六式　左高探马
第二十七式　右拍脚
第二十八式　右高探马
第二十九式　左拍脚
第三十式　左蜷脚蹬根
第三十一式　一步三捶
第三十二式　青龙探海
第三十三式　转身二起拍脚
第三十四式　分门桩抱膝
第三十五式　喜鹊登枝（鹞子翻身，右蜷脚蹬根）
第三十六式　分马掌
第三十七式　掩手捶
第三十八式　抱头推山
第三十九式　右白鹤亮翅
第四十式　单鞭
第四十一式　前后照
第四十二式　野马分鬃
第四十三式　玉女穿梭
第四十四式　右白鹤亮翅
第四十五式　单鞭
第四十六式　云手
第四十七式　童子拜佛
第四十八式　跌叉（双风贯耳，二郎担山）
第四十九式　扫蹚腿
第五十式　左金鸡独立
第五十一式　右金鸡独立

第五十二式　双跌脚
第五十三式　倒卷肱
第五十四式　左白鹤亮翅
第五十五式　斜行
第五十六式　迎面掌（海底针）
第五十七式　右白鹤亮翅
第五十八式　单鞭
第五十九式　云手
第六十式　十字单摆莲
第六十一式　吊打指裆捶
第六十二式　金刚搬拦捶
第六十三式　懒扎衣
第六十四式　右砸七星
第六十五式　擒拿
第六十六式　回头看画
第六十七式　右白鹤亮翅
第六十八式　单鞭
第六十九式　左砸七星
第七十式　擒拿
第七十一式　跨虎
第七十二式　转身双摆莲
第七十三式　弯弓射虎
第七十四式　金刚搬拦捶
第七十五式　太极收势

三、赵堡太极拳七十五式动作图示分解

无极（预备式）

动作说明

面东而立，平心静气，虚领（百会穴有上提之意）顶劲（印堂、天庭有微向前顶之意）；目平视，齿微叩，唇微闭，下颌微收，颈直头正，顺胸拔背，沉肩坠肘，气沉丹田，十趾微抓地，收腹提肛，周身关节处处放松，两臂自然下垂，如此成无极势，人与天地浑然一体（图 4–12）。

图 4–12

动作要领

平心静气，周身关节处处放松，百会穴有上提之意，印堂、天庭有微向前顶之意。

歌诀

颈直头正顶头悬，两臂轻松立自然。
顺胸松腹气归丹，屈膝松胯固关元。

第一式 太极起势

动作说明

两脚分开与肩同宽，成直顺脚，两膝微屈，两胯放松，两臂自然下垂至两膝处，右脚以脚跟为轴右摆 45°，身微右转，同时两手微向外分开（图 4–13）。

两臂经身体两侧以肘为中心向上划弧至两肩高度，两手心相对，同时左脚向左前 45° 方向跨出一步，此时两脚呈 90°（图 4–14）。

重心移至左腿，同时两手向上呈抱头状合拢，左手对左耳，右手心斜对百会，右腿随之跟上，不落地（图 4–15）。

图 4–13

图 4–14

图 4–15

两臂经天庭前相交，沿身体中线下落至小腹前分开落下；右脚同时下落，与左脚平行（图 4–16）。

图 4–16

动作要领

两臂起时以手带肘、以肘带肩，落时肩松肘坠手落，三节节节贯穿、节节放松。步开裆要圆，左臂带左腿，右臂带右腿。上步时要蓄劲，落步时身体骨节要拔长，气贯丹田。上步劲要含蓄，落步气要下沉。

歌诀

太极起势阴阳分，立身中正看家门。
仙女照镜抚双鬓，採挒肘靠撼敌心。

第二式　金刚搬拦捶

动作说明

接上式，左手带左腿向斜前方 45° 跨出一步成左弓步；同时双手从胸前掤出，两手心相对，相距一尺，右手在中（图 4–17）。

两手由掤劲变捋劲，身随步动，步随身移，右脚外摆，左脚微内扣成骑马托枪式，重心偏右；两手相距一尺不变，捋至左手在中（图 4–18）。

松右胯，左脚外摆，右肘松沉，两手心相对转动成挤劲，放于胸前，两腿随之成马裆步；此时两手与两脚相对，两肩与两胯相对，两肘与两膝相对；面向东南（图 4–19）。

图 4–17

图 4–18

图 4–19

裆走合劲，重心左移，松胯，以身带右腿向左脚靠拢，两手从胸前按出（图 4–20、图 4–21）。

图 4–20

图 4–21

双手按出后，右手微快于左手，两手遂成立圆转动，似搬拦状，右手绕左手转一圈变拳，随左手一齐下落至腹前，右拳心对肚脐，左掌向下护裆，两手似连非连，间隔一拳（图 4–22）。

图 4–22

动作要领

手脚一致，腰要正，裆胯要活，虚中有实，实中有虚，正面破敌。

歌诀

太极妙招数金刚，裆胯转化不寻常。
掤捋挤按须认真，採挒肘靠紧相随。
进退顾盼似无意，轻灵圆活自缠绵。

第三式　懒扎衣

动作说明

两膝微屈，两胯松开，身松下沉，右拳变掌于身中线上举，高与鼻尖齐，左手自然松下护裆，两手皆成阴阳手（图 4–23）。

两手心相对，以肘关节为圆心，做抱球状顺时针旋转，两脚随之摆动，两手转至体前两前臂相叠，右手在内，左手在外，左手心朝下，右手心朝上（图 4–24、图 4–25）。

图 4–23

图 4–24

图 4–25

右手带右腿向右侧横跨一步，成右弓步；右手同时向右上方划弧而出，右手心斜向下与右脚相对；同时，左手落至左胯根处，掌心向内，拇指轻点气冲穴（腹股沟处）；面向东成懒扎衣（图 4–26）。

图 4–26

动作要领

沉肩坠肘，气沉丹田。左脚要蹬，右腿要撑，脚趾抓地，气往下行，出腿要手到、步到。

歌诀

懒扎衣正面看门，何惧它刀斧枪棍。

盘双肘运动丹田，擒拿靠神鬼难遁。

第四式　右白鹤亮翅

动作说明

左手拇指轻点左腿根气冲穴，松胯，重心移到两腿中间，收右臂至胸前，左手由下向上至心窝处，与右肘相对（图 4–27）。

右臂松下逆时针方向在身体右侧前划弧，过裆部至右膝，左手由下向上从右肘内侧上行至与鼻尖齐（图 4–28）。

图 4–27

图 4–28

右臂由右腿内侧过右膝向上方划圆过头部，带动右脚转动，同时带左脚向右脚靠拢，右手心斜对百会穴（图 4–29）。

两手一齐向右前下方按出，同时百会虚领、身体长起，面向东成白鹤亮翅（图 4–30）。

动作要领

以身带臂，以臂领腿，左手点气冲穴时，右臂转动，先收肘，成势后，左手食指与鼻尖相对，右手食指与右肩相对。

图 4–29

图 4–30

歌诀

仙鹤欲飞身先沉，两臂缠绕拨云端。
上下相随护胸怀，身长气沉似神仙。

第五式 单鞭

动作说明

两手心相对，微上掤，然后向左划圆，左脚外摆，两手相距一肘远近（图 4–31）。

两手心相对逆时针方向划圆，往下时右手从胸前中线过，往上时左手从胸前中线过；同时带两脚摆动（图 4–32）。

图 4–31

图 4–32

两手抱到胸前时，右手变勾手，左手仍为掌，距胸前一肘远近（图4–33）。

左掌向左前方划弧，带动左腿向左侧横跨一步，成左弓步，左掌落于身体左侧上方，与左腿上下相对；同时，右勾手沿身体中线下落过裆部放于身体右侧，右勾手手尖与右脚尖相对（图 4–34）。

图 4–33

图 4–34

动作要领

两臂划圆时，腰胯随之转换。两臂分开时，左腿要同时跨出，裆要开圆，胯要松，十趾抓地，两膝要有开中寓合之势。

歌诀

织女纺线均相连，左缠右绕拉单鞭。
虚实变换无间断，分中有合神气显。

第六式　斜金刚

动作说明

右勾手变掌自然落下，过裆部由胸中线抄起，与左手心相对，相距一尺（图 4–35）。

双手保持相对位置，由掤变捋，捋至左手位于胸前中线；同时步法由左弓步变为右弓步（图 4–36）。

图 4–35

图 4–36

左脚外摆 45°，重心左移，右腿向左脚尖方向上步，两手在胸前按出（图 4–37）。右手向上，由外向里划立圆，随左手下落至小腹前，左手掌，右手拳，面向东北成斜金刚（图 4–38）。

图 4–37

图 4–38

动作要领

手脚一致，腰要正，裆胯要活，虚中有实、实中有虚。

歌诀

掤捋挤按须认真，採挒肘靠紧相随。

抱元守一把身上，顺势一点搬拦捶。

第七式　左白鹤亮翅

动作说明

右拳变掌，与左手经胸前上掤，两手心相对（图 4–39）。

两手顺时针方向向左下方划弧至小腹前，两手心相对；同时左腿向左肩方向（西北方）侧跨一步，右脚随之跟进虚点地面（图 4–40）。

两掌经左侧划圆，左手过头，右手在胸前；右腿向原地返回，左腿跟随（图 4–41）。

两臂带挤劲下按，落于胸前，左手落于左侧，右手于胸前，面向东北，完成左白鹤亮翅（图 4–42）。

图 4–39

图 4–40

图 4–41

图 4–42

动作要领

两手划圆，两脚相随，后退为引进落空，上步为顺劲挤打，成势后两肩两肘要松沉。

歌诀

仙鹤欲飞身先沉，两臂缠绕拨云端。
上下相随护胸怀，身长气沉骨节开。

第八式　斜行

动作说明

右胯带右脚外摆 45°，左手与右手相合成十字交叉，同时右膝微屈（图 4–43）。

左腿向左肩方向（西北方）退一大步，十字手朝右膝落下（图 4–44）。

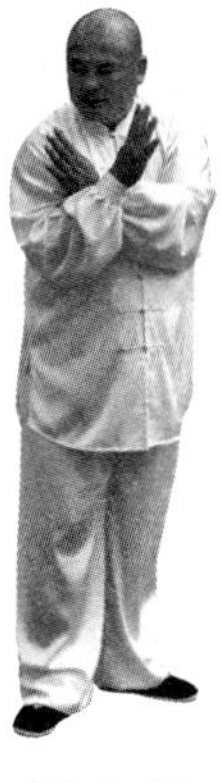

图 4–43

图 4–44

两手过右膝处时分开，重心左移成左弓步，左肘过左膝，右手护头，手心对太阳穴（图 4–45）。

重心右移成右弓步，左手过左耳，右肘过右膝，右手向后放于膝外（图 4–46）。

重心左移至两腿中间，左手下落过左膝变勾手放于命门处。右手过头顶经胸前下落按出，食指与鼻尖斜相对；面向东北方，成斜行（图 4–47、图 4–47 附图）。

图 4-45

图 4-46

图 4-47

图 4-47 附图

动作要领

身形变化与步法一致，动作要显示出肘、靠之劲，腰裆胯与脚的变化要一致，成势后两眼平视前方。

歌诀

名为斜行身不斜，撤步打出肩靠肘。
活裆松胯脚要摆，连环肘靠紧相随。
前手点打迎门掌，后手偷桃献观音。

第九式 拖枪败势

动作说明

右手微向上领，左勾手变掌，经左腿外侧上掤，与右手相对（图 4–48）。

重心右移，成右弓步；双手由掤变捋，两手心斜相对，如拖枪状（图 4–49）。

松左胯，左脚外摆，重心左移，两手相合带右腿上一小步（图 4–50）。

重心移至右腿，两手反掌向下一转，带左腿向右收一小步成左虚步，左手变勾手落于左膝上方，勾手向肘后；右肘后拉，与左勾手成对拉之势，右手落于右胯上方，掌心斜对丹田（图 4–51）。

图 4–48

图 4–49

图 4–50

图 4–51

动作要领

两臂划圆与上步、收步一致，手中无枪似有枪，成势要屈膝松胯，左膀要松沉，右肘有护肋之势，不可耸肩。

歌诀

掤捋挤按势中藏，手中无枪似有枪。
右肘护肋击敌胸，左手勾点取阴裆。

第十式　拗步

动作说明

左勾手与右掌一起向右上方翻转，左腿随势提起向左肩方向上一步，腿微弓，左勾手朝上与肩平，右手过中线手心向下与左脚尖相合，落于左肘处（图 4–52）。

重心左移，提右脚过左膝落于左脚前，成倒丁字步；左勾手变掌与右手交叉于胸前成拦门槛势（图 4–53）。

图 4–52

图 4–53

动作要领

手脚相随，前臂交叉与落脚交叉要一致，左勾手与右腿上步要一致。

歌诀

仙姑采莲身轻盈，手脚左右交相应。
脚踩敌腿侧后打，採拿肩靠松腰胯。

第十一式 斜行

动作说明

两前臂交叉下落经胸前分开，左手过左膝，右手过右膝，翻手，掌心朝前；步成马步（图 4–54）。

重心右移成右弓步，左手经左侧上举过左耳护头（图 4–55）。

重心左移成左弓步；左手经胸前落下，过左膝变勾手，放于命门处；左手落时，右手从右侧过头经胸前下落至小腹前；两眼注视胸前方，面向东北成斜行（图 4–56）。

动作要领

与第八式相同。

图 4–54

图 4–55

图 4–56

第十二式　转身拖枪败势

同第九式，只是在双手向左翻转时，右脚后退一步，左小腿也要拉回一小步；面向东南完成转身拖枪败势（图 4–57）。

图 4–57

第十三式　拗步

同第十式（图 4–58、图 4–59）。

图 4–58

图 4–59

第十四式 上步金刚

又名如封似闭。

动作说明

接上式，左勾手变掌向右合，与右臂经胸前交叉落下（图 4-60）。

左脚向前上步，两手于小腹前分开，经两侧向上划圆（图 4-61）。

左手过耳，右手过头，经胸前下落至小腹前时，右掌变拳，拳心对肚脐，左掌心与右拳面相对；右脚向前上步与左脚平行，两脚相距与肩同宽（图 4-62、图 4-63）。

动作要领

举步要轻灵，上步勿掰膀，肩胯要放松，手落脚踏实。

图 4-60

图 4-61

图 4-62

图 4-63

歌诀

上步金刚势难挡，迎面金靠把敌伤。
吐纳采气归丹田，浑然一体上金刚。

第十五式　退步伏虎

又名束手解带。

动作说明

右拳变掌，两前臂由下向上、向内划立圆，交叉于胸前，手心向内，左手在右肩旁，右手在左肩旁；左脚同时向后退一步（图 4–64）。

右脚跟着后退一步，与左脚平行，成马裆步；同时两掌经胸前下落至裆部（图 4–65）。

两手过左右两膝，变拳放于身后，拳心向外（图 4–66、图 4–66 附图）。

图 4–64

图 4–65

图 4–66

图 4–66 附图

图 4–67

重心右移，同时左拳变掌，从身体左侧向上、向右划弧过左耳，然后变拳落于左腰后。右手从右侧过头握拳，然后重心右移，摆脚成右弓步，右手落于右太阳穴处，右前臂竖直，拳心向外，拳眼对太阳穴；面向东成伏虎势（图 4–67）。

动作要领

两臂向上和左腿后退一致，下落和右腿后退一致。

歌诀

两臂倒缠似宽衣，左右开弓变换多。
手转左臂破擒拿，右手打出伏虎拳。

第十六式　擒拿、串捶

动作说明

左拳变掌，从左侧向右划弧，搭上右手腕；左脚同时内扣，步成弓马步（图 4–68）。

左手引右手至小腹处，身向下松，重心左移，收右腿成右虚步（图 4–69）。

图 4–68

图 4–69

右手腕部贴左手心，由内向外翻转成左手在下，右拳在上，两手心皆向上，成擒拿势（图 4–70）。

右拳从左手心往右侧斜击，右脚上步落实，左腿跟上一步，脚尖点地，左掌变拳，左肘往后击出，两拳成对拉劲，两拳心斜相对，面向东成串捶（图 4–71、图 4–72）。

图 4–70

图 4–71

图 4–72

动作要领

两手翻转时身不能起，左脚上步要快，左右两拳对拉与松胯转腰要一致。

歌诀

金丝缠腕一瞬间，分筋错骨敌哭喊。

串捶犹如拉弓箭，肘打心窝捶裆前。

第十七式 肘底藏捶

动作说明

重心移至右腿，左脚虚步；左拳随重心移动上勾至鼻尖前方，拳心向里，右肘后拉（图 4–73）。

左脚落实，左腿用脚跟、右腿用脚掌向左转体 90°，面向北；左拳随身外摆，右拳随之摆打到左肘下；眼睛平视前方；双膝微屈，右腿实，左腿虚，成肘底藏捶（图 4–74）。

图 4–73

图 4–74

动作要领

勾拳、转身摆拳要协调一致；左拳、左肘与右拳、左膝上下成一条直线。

歌诀

左手勾拳击敌颔，右肘向后击敌胸。

左臂遮挡右拳追，肘底藏捶把命催。

第十八式 倒卷肱

动作说明

左肘、右拳、左膝一齐向下松沉，同时双拳变掌，右臂经体侧由下、向后、向上划圆，带动右腿后退一步，左手落于左腿侧，成右倒卷肱（图 4–75）。

右手过头至胸前时，左手经体侧由下向后、向上划圆，带动左腿后退一步，右手落于右腿侧，成左倒卷肱（图 4–76）；如此左右轮流划圆（套路中一般退 3 次）。

图 4–75

图 4–76

动作要领

右臂带右腿，左臂带左腿，身分左右阴阳圈，膀、肘、腕三节转动。后退步时，脚跟要踢打臀部。

歌诀

手领脚起走胯劲，抬脚踢臀撩裆阴。
金蝉脱壳求生路，退中求进把敌抛。

第十九式　左白鹤亮翅

完成第三个倒卷肱时，左掌带左脚向左侧退一步，右脚随之，余同第七式。

第二十式　斜行

同第十一式。

第二十一式　迎面掌（海底针）

动作说明

左勾手变掌由左腿外侧上掤至胸前，与右手相对；重心右移，成右弓步（图 4–77）。

两手相对在胸前转立圆，带右腿回收三分之一步（左实右虚）（图 4–78）。

右手转向下时左手摸右肘，左腿随左手回收三分之一步（图 4–79）。

右手由左臂内绕过，向脸前翻手打出，掌背向外，掌心向内；面向东北，成迎面掌之势（图 4–80）。

图 4–77

图 4–78

图 4–79

图 4–80

右手下落至裆前，成阴阳手，左手向后变勾手，带左腿后退一步，成左实右虚步；面向东北，成海底针势（图 4–81）。

图 4–81

动作要领

松腰松胯，身手步一致，左手摸右肘时有下压採拿之势。

歌诀

松裆活胯擒拿手，迎面翻掌打鼻梁。

左手后勾巧点穴，海底寻针不寻常。

第二十二式　闪通背

动作说明

右臂向上掤出，右脚落实，左臂带左腿向右脚前上步，左掌上托，右掌下按，两掌斜相对（图 4–82）。

两脚转动，右脚向右后撤一大步，两手旋转向下按，左手心朝下，右手心朝上；面向西南（图 4–83、图 4–84）。

松左胯，摆左脚，左手向上至胸前，右手从右侧上举过头（图 4–85）。

重心左移，右臂带右腿向前方（东南）上一大步，左腿跟进，双手经胸前按出；面向东南完成闪通背势（图 4–86、图 4–87）。

图 4–82

图 4–83

图 4–84

图 4–85

图 4–86

图 4–87

动作要领

上步接手要周身相随，如托物状，右腿后撤与两臂旋转要一致。上步要松裆转胯，轻柔灵活。

歌诀

上步接手敌难走，立身旋转扫敌倒。
五行八卦闪通背，精气神通周天功。

第二十三式　右白鹤亮翅

同第四式，只是在长身前按时，右脚向前上一步，左脚随之；方向面东。

第二十四式　单鞭

同第五式。

第二十五式　云手

动作说明

承单鞭式，勾手变掌，右臂在胸前顺时针方向划圆，右脚随之摆动成右弓步（图 4–88）。

左臂在胸前逆时针方向划圆，左脚随之摆动成左弓步，右手下落至裆部（套路中一般左右各 3 次）（图 4–89）。

图 4–88

图 4–89

动作要领

以身带臂，以臂带腿。左手带左脚，右手带右脚，手动脚要转，变化在裆胯。

歌诀

两臂划圆护周身，阴阳转动不离分。
虚实变化均匀活，中正平圆太极圈。

第二十六式　左高探马

动作说明

身体左转 90°，右臂带右腿收回半步，右手至胸前，左手带左腿回收一小步，左手与右手相对（图 4–90）。

左脚向上勾起，膝与胯平；两手在胸前做抱球状向左翻滚，左手在左膝上方，右手偏后与左手相对，相距一尺；面向北成左高探马（图 4–91、图 4–91 附图）。

图 4–90

图 4–91

图 4–91 附图

动作要领

两手翻转与左脚上勾要一致，同时要松腰胯；右腿站立要稳，五趾抓地。

歌诀

太极妙招高探马，勾挂蹬踹式中藏。
惊上打下互为用，阴阳颠倒三节翻。

第二十七式　右拍脚

动作说明

左脚落地，右脚上前一步；两手在胸前翻掌按出（图 4–92）。

两掌变拳，从胸前往左顺时针方向划弧一周，右脚向前上方弹踢，两手下落时右手拍右脚面（图 4–93）。

图 4–92

图 4–93

动作要领

两手从左往右顺时针方向划圆，上拍下踢要立身中正，不能低头弯腰。

歌诀

迎门盖顶用双掌，飞脚踢裆敌命丧。
他若不识阴阳拳，就是神仙也难防。

第二十八式 右高探马

动作说明

右脚落下随即勾起，左腿站立，两掌收至胸前，右掌在前，左掌在后；面向北成右高探马（图 4–94）。

图 4–94

第二十九式 左拍脚

同前第二十七式，唯手脚相反（图 4–95）。

图 4–95

第三十式　左蜷脚蹬根

动作说明

两掌和左脚同时下落，以右脚为轴身体左转 90°（面向西），两掌变拳，两肘护肋，左腿提起，膝与胯平，脚尖上勾（图 4–96）。

两拳向身体两侧翻转松弹打出，同时左脚跟用力向左侧蹬出（图 4–97）。

图 4–96

图 4–97

动作要领

两臂松弹要有缠绕、撕扯之意，提腿要含胸、收腹，两者一致，出腿要快。拳谚云“出手如放炮”，即此意。

歌诀

三节相合气内敛，手脚齐开快如箭。
谁说太极拳法慢，寻得明师得真传。

第三十一式　一步三捶

动作说明

左脚收回落地，身体左转约 90°；同时左拳向身后摆于右腰眼处，右拳左摆于面前（图 4–98）。

左拳由后转至胸前，右拳由前向后转于左腰眼处；与此同时，右脚向左脚前跨一步，成交叉步（图 4–99）。

图 4–98

图 4–99

动作要领

两拳摆动与身体协调一致，右拳与左脚相合，左拳与右脚相合。

歌诀

摇步摆捶左右打，照前顾后护周身。
连环招势敌难防，一步三捶快如风。

第三十二式　青龙探海

动作说明

左脚向前跨一大步，成左弓步；左拳向下摆放于身后，右拳由腰后向前划一大圆，下落于左脚旁；面向南成青龙探海（图 4–100）。

动作要领

左小腿要直，背与右腿平。

图 4–100

歌诀

不丢不顶顺敌劲，松胯转身头要领。

伏身打出击地拳，青龙探海鬼神惊。

第三十三式　转身二起拍脚

动作说明

右拳由下向上划圆，身向后（北）转 180°，同时右脚外摆，左拳绕头至脸前，带左腿向上跟一步（图 4–101、图 4–102）。

两拳带两臂由右向左划圆，左腿提起。两拳行至最高点时，左腿落下，未着地之时右腿踢起，右脚面与右手相拍（图 4–103、图 4–104）。

图 4–101

图 4–102

图 4–103

图 4–104

动作要领

摆拳转身要一致。跳跃时以百会穴虚领向上，右腿不可直，膝关节要放松，松弹踢击。

歌诀

青龙摆尾猛回头，腾空飞脚如雷鸣。
连环二起虚实变，蜻蜓戏水身轻灵。

第三十四式 分门桩抱膝

动作说明

左脚先落地，右脚落地时，左脚跳步向前跨一步，两前臂交叉向前掤出（图 4–105）。

两臂分开，身随右脚微向右摆，开胯下沉，左肘对左膝，右肘对右膝，成分门桩势（图 4–106）。

图 4–105

图 4–106

两肘下沉，两手落于两膝外侧相合，重心移至右腿，左腿随之收回提起，两手心向上，随左膝提起与胯平；面北成抱膝势（图 4–107、图 4–108）。

动作要领

两手分开，随身下沉，松肩垂肘；抱膝起腿要稳，含胸蜷腹，力在膝盖。

图 4–107

图 4–108

歌诀

跳步换脚身中正，进步拔转敌来势。

臂拐肩靠膝顶裆，开分合裹内劲藏。

第三十五式　喜鹊登枝（鹞子翻身，右蜷脚蹬根）

动作说明

松胯长身的同时两掌翻转，手心向前按出，同时左腿朝前方蹬出，着力点在脚跟，脚尖向上，此势为喜鹊登枝（图 4–109）。

左脚蹬出后落地，左手变勾手落于左侧身后，右掌落于小腹前（图 4–110）。

图 4–109

图 4–110

右手经胸中线挑起，带右脚外摆，左勾手变掌带动左腿，以右脚尖为圆心，向右旋转 270°（面朝西），双手落于身体两侧，此势为鹞子翻身（图 4–111、图 4–112）。

两手变拳，从身体两侧相合于胸前，同时右膝提起，身往下微沉，松左胯，两臂打开，带右腿向右侧蹬出，成右蜷脚蹬根（图 4–113、图 4–114）。

图 4–111

图 4–112

图 4–113

图 4–114

动作要领

左蹬腿时，要松胯长身，脚手发力要一致。鹞子翻身时要以臂领身，以身带腿。

歌诀

手打胸前膝顶裆，接手托肘敌难躲。
左起摆腿伤腰背，右起一脚蹬心窝。

第三十六式　分马掌

动作说明

右脚脚掌外摆落地，右手向右下方砍出（图 4–115）。

左臂带左腿转身上步，身转 180° （向东），两脚平行，成分马掌势（图 4–116）。

图 4–115

图 4–116

动作要领

手脚相随，右手下砍忌用力，如轻掸身上灰尘，自然而然。

歌诀

双手左右护腰裆，周身相随拦马掌。
别看简单一两式，一旦功成势难挡。

第三十七式　掩手捶

动作说明

两掌相对，在身前顺时针方向划圆，重心由左腿移至右腿（图 4–117、图 4–118）。

图 4–117

图 4–118

左腿向左侧横跨一大步，成左弓步；左前臂向下以左肘护肋，右掌变拳从左前臂上方打出，拳心向内，拳眼向上；面向东成掩手捶（图 4–119）。

图 4–119

动作要领

周身相随，肩、肘、手、胯皆要转圆。

歌诀

掩手捶式变化多，左掩右击甚难防。

屈肘下靠不露形，贴身短打最为强。

第三十八式　抱头推山

动作说明

松胯落腰，左肘过左膝，打出七寸肘（图 4–120）。

重心右移，变右仆步；右拳变掌，以右膀为力点先打七寸靠，后打七寸肘，左手经体侧划弧至左肩上，手心对太阳穴处（图 4–121）。

右腿起，重心左移，左脚外摆成马裆步，两手经身体两侧由外向内、由下向上似抱头状向右胸前推出，重心随之右移成右弓步，面向东而成抱头推山（图 4–122、图 4–123）。

图 4–120

图 4–121

图 4–122

图 4–123

动作要领

身形中正，忌挺胸，气沉丹田，含胸拔背，七寸肘靠要松腰裆。

歌诀

七寸肘靠紧相连，左右翻滚龙蛇盘。
吸气归丹精气聚，一团和气冲泥丸。

第三十九式　右白鹤亮翅

同第四式。

第四十式　单鞭

同第五式。

第四十一式　前后照

动作说明

右勾手变掌，收右肘至胸前（图 4–124）。

收左肘，左手收至右手外沿，步成马裆步（图 4–125）。

图 4–124

图 4–125

身体右转 90° ，左掌后抽，右掌前推，完成前后照（面南）（图 4–126）。

动作要领

收肘收在心窝处，两手抽拉，力要均匀，如勒马状。

歌诀

前照后照裹双肘，轻松引化左右敌。

松胯转身如勒马，分手抽拉击前后。

图 4–126

第四十二式　野马分鬃

动作说明

右手向前、向右划弧，领右脚弧形前进一步，重心由左变右，步成右弓步，右手在右前方，左手在胸前（图 4–127）。

右手下落，左手领左脚向左前划弧前进一步，左手在左侧，右手在胸前（套路中一般走 3 步，成右手右脚在前，面向南）（图 4–128）。

动作要领

手脚一致，手脚皆划内弧前进，如背丝扣。

图 4–127

图 4–128

歌诀

野马分鬃左右分，侧身进步手脚随。

上节挤挒与按打，下盘压绊敌双腿。

第四十三式 玉女穿梭

动作说明

承上式，两掌在胸前相对翻转，左手由下向上，右手由上向下，右脚随之勾起，成高探马势（图 4–129）。

右脚落地，脚尖外摆，左腿过右腿前跨一步，脚尖内扣，然后身体向右转 180°；同时两手翻转不停，右臂由下向上、向外划弧，带右腿向身后横扫，左脚以脚跟为圆心随之转动，面向东，势成同懒扎衣，完成玉女穿梭（图 4–130—图 4–132）。

图 4–129

图 4–130

图 4–131

图 4–131 附图

图 4–132

动作要领

周身相随，以腰带臂，以臂带腿，腿扫脚摆。

歌诀

玉女穿梭快如飞，手转身移脚相随。
马上伸臂将敌擒，转身扫蹚敌翻飞。

第四十四式　右白鹤亮翅

同第四式。

第四十五式　单鞭

同第五式。

第四十六式　云手

同第二十五式。

第四十七式　童子拜佛

动作说明

云手第三次后，右臂落下时带右腿收三分之一，左臂继续划圆，落下时带左腿收三分之一，两脚相距同肩宽，两掌胸前相合向上，手指与鼻尖齐；面向东成童子拜佛势（图 4–133）。

图 4–133

动作要领

两手相合在胸前，肩松肘沉，掌心虚空。

歌诀

童子拜佛心意诚，双手合十扰敌臂。
松肩沉肘气贴背，中正安舒神贯顶。

第四十八式 跌叉（双风贯耳，二郎担山）

动作说明

两掌从胸前向上分开，左手从左侧划圆，右手从右侧划圆，两掌相合时变拳对击，同时右膝上抬与胯平，成双风贯耳势（图 4–134、图 4–135）。

图 4–134

图 4–135

两拳向两侧分开，两臂沉肘下压、与肩平，右脚垂直下落震脚，同时左腿向左侧跨出成仆步（图 4–136、图 4–137）。

图 4–136

图 4–137

动作要领

提膝与两拳对击要一致，震脚要松震，两臂下压要一致。

歌诀

拳打太阳膝顶裆，二郎担山两臂张。
跌脚伸腿有其意，左右两臂任意扬。

第四十九式　扫蹚腿

动作说明

两拳变掌，重心移至左腿，以左脚掌为轴，两臂带动右腿向左横扫 180°，面向西完成扫蹚腿（图 4–138、图 4–139）。

图 4–138

图 4–139

动作要领

扫蹚腿整身旋转一致，脚掌不离地，力在左腿。

歌诀

练成铁腿惊人技，横扫千军如落叶。
头正身直腰不弯，双掌随势变化多。

第五十式　左金鸡独立

动作说明

右臂经右侧上方过头向下绕耳后经颌下掌心向上举起，右膝随右臂上举提起与胯平，左腿独立，同时左手跟随右手过头经左耳后向下变勾手落于左腿外侧，全身放松，气沉丹田，面向西成金鸡独立（图 4–140、图 4–141）。

图 4–140

图 4–141

动作要领

两手前后相随，如梳头状，左腿独立，直中求曲，脚趾抓地，裆胯微松。

歌诀

右撑左按对拉长，胯松膝顶立自然。
金鸡独立精神足，美女梳头锁喉关。

第五十一式　右金鸡独立

动作说明

左胯松沉，右臂随身体一齐向下，以左脚跟为轴，然后右臂领身向右转90°，其余动作同左金鸡独立，唯手脚动作相反（图4–142、图4–143）。

图4–142

图4–143

第五十二式　双跌脚

动作说明

松右胯，左臂带左腿向下松沉，左手绕左耳由后向前一圈后落下，左脚随之落地，同时右脚抬起震脚，面向北成千斤坠（图4–144、图4–145）。

图4–144

图4–145

动作要领

如物坠下，自然松沉，两腿视动作大小可微蹲或半蹲。

歌诀

双震脚落地击穿，千斤坠下敌腿断。
手绕肘砸敌锁骨，两肩松沉双手按。

第五十三式　倒卷肱

同第十八式。

第五十四式　左白鹤亮翅

同第十九式。

第五十五式　斜行

同第十一式。

第五十六式　迎面掌（海底针）

同第二十一式。

第五十七式　右白鹤亮翅

同第二十三式。

第五十八式　单鞭

同第五式。

第五十九式　云手

同第二十五式。

第六十式　十字单摆莲

动作说明

云手第三次后右手带右腿上半步，左手在上，右手在下（图 4–146）。

两手心相对翻转交叉成十字手，右臂在上，右手心向下，左手心向上；同时左脚收半步虚点地（图 4–147）。

左脚上前一步，两臂分开，右手由上向下划圆，左手由下向上划圆，在胸前相交成十字手，左手心向下，右手心向上（图 4–148）。

重心前移至左腿，提右脚上勾外摆，同时，左手向下划弧与右脚背相合拍击（图 4–149）。

图 4–146

图 4–147

图 4–148

图 4–149

动作要领

十字翻转与步伐要一致，转身摆脚时，脚尖上勾，身要端正，摆腿要快，落脚要稳。

歌诀

阴阳十字左右翻，可採可拿任自然。

进步摆腿似刀镰，抬脚直击脑后边。

第六十一式 吊打指裆捶

动作说明

接上式，左手拍右脚后变拳放于身后命门穴处，右手变拳由下向右上划圆；右腿后撤一步成右弓步（图 4–150）。

重心左移，成左弓步；右拳下砸于裆前；面向东，成吊打指裆捶（图 4–151）。

图 4–150

图 4–151

动作要领

手转身移，机关在腰活于裆。

歌诀

吊打捶击敌裆阴，松肩打靠应随身。

左臂出击身后人，拐肘又可把臂擒。

第六十二式　金刚搬拦捶

动作说明

两拳变掌分别从背后和裆前向身前抄起，面向东，余同第二式金刚搬拦捶（图 4–152）。

图 4–152

第六十三式　懒扎衣

同第三式（图 4–153）。

图 4–153

第六十四式 右砸七星

又名右铺地巾。

动作说明

左手在体前划弧引右手随身体重心下落（左腿可左跨半步），步成右仆步，两手由掤劲变成捋劲，两手相距一尺，掌心向下偏外，有外挒之劲（图 4–154、图 4–155）。

两手顺时针方向划立圆，左手放于左耳上方，右手平伸至右腿内侧，右脚尖向上，面向东成右砸七星（图 4–156）。

图 4–154

图 4–155

图 4–156

动作要领

手随身移走裆劲，手脚旋转一致，右腿伸直，腰身中正。

歌诀

仙人布下七星阵，掤捋採挒牵敌走。

脚顶敌裆膝顶心，败中取胜神仙手。

第六十五式　擒拿

动作说明

右腿根和左腿同时用力，右手前探长身，左腿可跟上一小步，成右弓步，左手向前划弧从右前臂下穿过（图 4–157、图 4–158）。

两掌变拳做撕扯状，重心左移，步成马裆步（图 4–159）。

动作要领

起身时如有人拉，肛肌收紧，腰胯要松，撕扯之力要均匀。

图 4–157

图 4–158

图 4–159

歌诀

擒拿折臂断敌手，撕拉扯打两面肘。

下盘胯松裆要活，採拿过后肩靠走。

第六十六式　回头看画

动作说明

左拳经左侧划圆带左膝上提，拳在左侧上方与肩平，左肘在左膝上，右拳在右腰间向后拉，右腿独立，如猿猴献果（图 4–160、图 4–161）。

左脚外摆落地，左拳随势下落，右脚上步，成马裆步，右拳逆时针方向划弧翻转落于右膝上方，同时左拳上摆至左肩前，身面朝北（图 4–162）。

重心右移，右拳以右肘为圆心从胸前向右肩上方摆出（图 4–163）。

图 4–160

图 4–161

图 4–162

图 4–163

重心左移，左脚向外摆，右拳过头领右脚向前方上步，两拳一起从胸前冲出（图 4–164）。

图 4–164

动作要领

左腿外摆时右脚尖要随之转动，转身时右臂过头，上步时要砸肘冲拳。

歌诀

猿猴献果打下颌，右肘后拉顶心窝。
转身摆出拦腰腿，上步靠打势难挡。

第六十七式　右白鹤亮翅

同第二十三式。

第六十八式　单鞭

同第五式。

第六十九式　左砸七星

又名左铺地巾。

同第六十四式，唯动作相反，面西（图 4–165）。

图 4–165

第七十式 擒拿

同第六十五式，唯动作相反，面西（图 4–166）。

图 4–166

第七十一式 跨虎

动作说明

右拳逆时针方向划圆至胸前，带右脚收回半步，左拳顺时针方向划圆至胸前，带左脚收回半步（图 4–167、图 4–168）。

两前臂交叉下压，两拳变掌于两侧向胸前相对划圆，右掌向下落于小腹前，左手下落于身后变勾手（图 4–169、图 4–169 附图、图 4–170）。

图 4–167

图 4–168

图 4–169

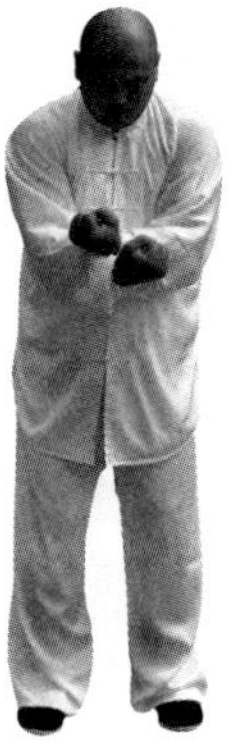

图 4–169 附图

图 4–170

右手上挑至胸前，左手带左腿提起，以右脚掌为轴向右转 180°，双手在胸前，面向东成跨虎势（图 4–171、图 4–172）。

图 4–171

图 4–172

动作要领

上步时以臂带腿，两臂下压，先松后长。

歌诀

腰正胯松裆开圆，左右两臂对绕缠。
挑臂接手化捋走，摆腿跨虎敌心寒。

第七十二式　转身双摆莲

动作说明

左脚落于右脚前 45° 方向，双手捧在胸前，重心左移，提右脚上勾旋摆，与两手相合拍打，以发出连环响声为好（图 4–173—图 4–175）。

右腿旋摆后落于身体右后侧，两掌随右脚下落，变拳经右身侧前逆转放于胸前，两拳心相对，成左弓步（图 4–176、图 4–177）。

图 4–173

图 4–174

图 4–175

图 4–176

图 4–177

动作要领

手足相合为主，摆腿时收小腹，两手拍脚要连贯。

歌诀

连环拍脚快如箭，手脚齐到方为真。

向上勾踢向下劈，摆腿一势莫看轻。

第七十三式　弯弓射虎

动作说明

两拳变掌，随重心向后移，左手如握弓，右手如拉弦，前腿蹬后腿弓，成弯弓射虎势（图 4–178、图 4–179）。

图 4–178

图 4–179

动作要领

身、胯、手、肘一起运动，两手要有拉弓之意，步要稳，裆要圆，神要专注。

歌诀

弯弓射虎背撑圆，搬拦肘靠走两边。
身法中正含内劲，久练功成太极拳。

第七十四式　金刚搬拦捶

两臂相合成挤劲，手心相对，步成马裆步，余同第二式，面东成金刚搬拦捶。

第七十五式　太极收势

动作说明

右拳变掌，两臂经身体两侧分开由下向上左顺右逆划圆，同时左脚后退一步（图 4–180）。

两手沿胸中线下落经小腹前分开，放于身体两侧，同时右脚后退一步与左脚平行（图 4–181、图 4–182）

图 4–180

图 4–181

图 4–182

动作要领

两手分开与左脚退步一致，两手收功下落与右脚退步一致。

歌诀

吸气归丹守真元，天人合一道自然。
调形调息刚柔济，修身养性益延年。

伍 赵堡太极拳的十七种技击方法和三十六式技击图示分解

一、太极拳的十七种技击之法

十七种打法指身体十七个部位的击法。即头，前胸，后背，左右两手，左右两肘，左右两肩，左右两胯，左右两膝，左右两足，臀和腹，共十七部。

（一）头

头为七星之首，一身之主。为上丹田藏神之所。故在技击中不轻易用。头在技击中可撞击对方面部、鼻子、眼睛、前胸部（心和肺部）。头打不可过足，即脚踏到哪里，头打到其垂直线的相应部位。示例见图 5–1。

图 5–1

（二）肩靠

在太极拳技击中，有前肩靠、后肩靠、背折靠、过肩靠、下腰靠。拳言：打靠必进步，打靠不过膝。讲的是要注意自身的平衡。前肩靠可打对方的心肺前胸部位，后肩靠可打对方的后心窝、肩胛骨部位。背折靠是侧肩靠的同时伤及对方手臂。过肩靠是松身下行，肩靠对方两肋上下。下腰靠可攻其腰部以下部位，其中有折法，有摔法等。示例见图 5–2、图 5–3。

图 5–2

图 5–3

（三）肘打

赵堡太极拳技击中，有砸肘、点肘、顶肘、裹肘、腰肘等用法。在拳架演练过程中，垂肘有利于保护两肋。内功心法中可利于真气下行。在技击中主要用肘尖攻打对方的某一部位，如砸肘打后背、顶肘打心窝、点肘打胸腹、腰肘打两肋等。肘在技击中多用暗劲。示例见图 5–4。

图 5–4

（四）手打

分掌击拳打，单採双拿。拳谚说，手是两扇门，可见手的重要性。手为掌为刀，可砍；手为拳为捶，可击。手为勾，可抓可拿可点穴。示例见图 5–5。

图 5–5

（五）胯打

胯打用前摆后顶侧撞之法。在技击中配合步法手法完成摔打动作，也可近距离单独使用。前摆胯可撞击对方小腹部，后顶胯攻打后腰部等。示例见图 5–6。

图 5–6

（六）膝打

在技击中如金鸡独立，提膝上顶对方裆部；斜行七寸肘靠，可膝跪顶对方小腿。鹞子翻身，转身摆膝击打对手两肋等。在技击中寓暗劲，往往配合身法而用。示例见图 5–7。

图 5–7

（七）脚打

脚踢、蹬踹、踏跺、摆撩、扫挂等。在赵堡太极拳中，脚打有左右蹬、单双摆、喜鹊蹬枝等招法。扫蹚腿攻下盘，高探马用脚钩挂，单摆莲击脑后等。示例见图 5–8。

图 5–8

（八）胸打

在技击中，近距离用胸部猛撞击对方头部或前胸心肺，大有鱼死网破之意。示例见图 5-9。

图 5-9

（九）背打

在赵堡太极拳的技击中，有“前金后银”之说。前金指的是胸打，后银指的是背打（靠），可与后肩靠合用，往往在特定的环境下，借力而用，如在对方后抱我之时，我借倒下用背部猛砸对方。示例见图 5-10。

图 5-10

（十）臀打

一般用于近距离攻打，与手法相配合。如伏虎式，当对方从后面抱住时，下蹲用双手搬住对方腿，臀部下坐，伤其膝关节，将对手搬翻。闪通背也是利用臀部将对方托起而完成摔打。示例见图 5–11。

图 5–11

（十一）腹打

以充足的丹田气近距离地撞破对方气力，打散对方劲道，使之暂时呼吸不畅，意识散乱，再借机攻打。示例见图 5–12。

图 5–12

二、赵堡太极拳三十六式技击图示分解

第一式　太极起势

起势 1

起势 2

第二式　金刚三大对

金刚三大对 1

金刚三大对 2

金刚三大对 3

金刚三大对 4

第三式　懒扎衣

懒扎衣 1

懒扎衣 2

第四式 右白鹤亮翅

白鹤亮翅 1

白鹤亮翅 2

第五式 单鞭

单鞭 1

单鞭 2

第六式 斜行

第七式 拖枪败势

第八式　高探马

高探马 1

高探马 2

第九式　拗步

第十式　上步金刚

第十一式　退步伏虎

第十二式　擒拿

第十三式　肘底藏捶

第十四式　倒卷肱

倒卷肱 1

倒卷肱 2

第十五式　迎面掌

第十六式　闪通背

第十七式　云手

第十八式　蜷脚蹬根（左）

第十九式　一步三捶

一步三捶 1

一步三捶 2

第二十式 青龙探海

青龙探海 1

青龙探海 2

第二十一式 分门桩抱膝

第二十二式　喜鹊登枝

第二十三式　分马掌

分马掌 1

分马掌 2

第二十四式　前后照

前照

后照

第二十五式　玉女穿梭

玉女穿梭 1

玉女穿梭 2

第二十六式　童子拜佛

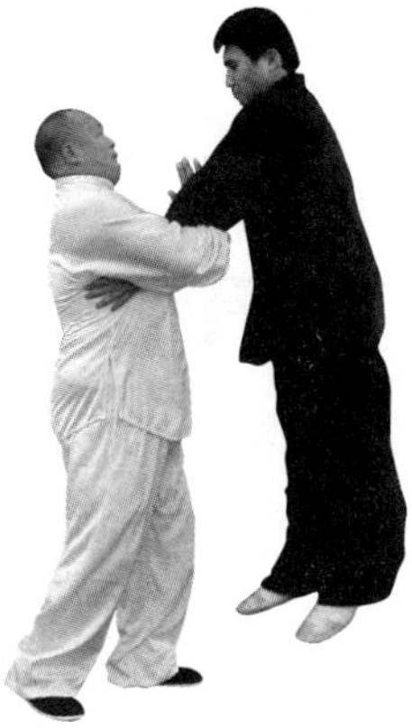

第二十七式　扫膛腿

第二十八式　左金鸡独立

第二十九式　十字单摆莲

第三十式　吊打指裆捶

第三十一式　右砸七星（又曰：右铺地巾）

第三十二式　回头看画

第三十三式　跨虎

第三十四式 双摆莲

第三十五式 弯弓射虎

第三十六式　金刚搬拦捶（合金刚）

陆 经典拳经和赵堡太极拳经典摘录

一、张三丰

（一）打手歌

相传为张三丰作，王宗岳修订。

掤捋挤按须认真，上下相随人难进。
任他巨力来打吾，牵动四两拨千斤。
引进落空合即出，粘连黏随不丢顶。

（二）太极拳论（节选）

一举动周身俱要轻灵，尤须贯力。气宜鼓荡，神宜内敛。毋使有凸凹处，毋使有断续处。其根在脚，发于腿，主宰于腰，行于手指，由脚而腿而腰，总须完整一气，向前退后，乃得机得势。有不得机得势处，身便散乱，其病必于腰腿求之。上下前后左右皆然。凡此皆是意，不在外面。有上即有下，有前则有后，有左则有右。如意要向上，即寓下意，若将物掀起而加以挫之之力。斯其根自断，乃坏之速而无疑。虚实宜分清楚，一处自有一处虚实，处处总此一虚实，周身节节贯串，无令丝毫间断耳……

（三）十三势歌

《张三丰太极炼丹秘诀》中国“太极拳歌”。

十三总势莫轻视，命意源头在腰隙。
变转虚实须留意，气遍身躯不稍滞。
静中触动动犹静，因敌变化示神奇。
势势存心揆用意，得来不觉费功夫。
刻刻留心在腰间，腹内松静气腾然。
尾闾中正神贯顶，满身轻利顶头悬。
仔细留心向推求，屈伸开合听自由。
入门引路须口授，功夫无息法自修。
若言体用何为准？意气君来骨肉臣。
详推用意终何在？益寿延年不老春！
歌兮歌兮百卌字，字字真切义无遗。
若不向此推求去，枉费功夫贻叹息。

（四）十三势行功心解

以心行气，务令沉着，乃能收敛入骨。以气运身，务令顺遂，乃能便利从心。精神能提得起，则无迟重之虞，所谓“顶头悬”也。意气须换得灵，乃有圆活之趣，所谓“变动虚实”也。发劲须沉着松净，专主一方。立身须中正安舒，支撑八面。行气如九曲珠，无往不利（气遍身躯之谓）。运劲如百炼钢，何坚不摧？形如搏兔之鹄，神如捕鼠之猫。静如山岳，动若江河。蓄劲如开弓，发劲如放箭。曲中求直，蓄而后发。力由脊发，步随身换。收即是放，断而复连。往复须有折叠，进退须有转换。极柔软始能极坚硬，能呼吸然后能灵活。气以直养而无害，劲以曲蓄而有余。心为令，气为旗，腰为纛。先求开展，后求紧凑，乃可臻于缜密矣。

又曰：先在心，后在身。腹松，气敛入骨。神舒体静，刻刻在心。切记一动无有不动，一静无有不静。牵动往来气贴背，敛入脊骨。内固精神，外示安逸。迈步如猫行，运劲如抽丝。全身意在精神，不在气，在气则滞。有气者无力，无气者纯刚。气若车轮，腰如车轴。

二、王宗岳《太极拳论》

太极者，无极而生，动静之机，阴阳之母也。动之则分，静之则合。无过不及，随曲就伸。人刚我柔谓之“走”，我顺人背谓之“粘”。动急则急应，动缓则缓随。虽变化万端，而理唯一贯。由着熟而渐悟懂劲，由懂劲而阶及神明。然非用力之久，不能豁然贯通焉！

虚领顶劲，气沉丹田，不偏不倚，忽隐忽现。左重则左虚，右重则右杳。仰之则弥高，俯之则弥深。进之则愈长，退之则愈促。一羽不能加，蝇虫不能落。人不知我，我独知人。英雄所向无敌，盖皆由此而及也！

斯技旁门甚多，虽势有区别，概不外壮欺弱、慢让快耳！有力打无力，手慢让手快，是皆先天自然之能，非关学力而有为也！察“四两拨千斤”之句，显非力胜；观耄耋能御众之形，快何能为？

立如平准，活似车轮。偏沉则随，双重则滞。每见数年纯功，不能运化者，率皆自为人制，双重之病未悟耳！

欲避此病，须知阴阳；粘即是走，走即是粘；阴不离阳，阳不离阴；阴阳相济，方为懂劲。懂劲后愈练愈精，默识揣摩，渐至从心所欲。

本是“舍己从人”，多误“舍近求远”。所谓“差之毫厘，谬之千里”，学者不可不详辨焉！是为论。

三、张楚臣《太极拳秘传》

太极拳功有济世之法，技有运身之术，示外者足矣。而修行之秘，须宝而重之，不得轻授，倘传匪人，则遗祸为害，宁不惕哉。

诀曰：沉气于腹，以意定之，不得妄提。聚而鼓荡，状若璇玑。意活而运，气如轮转。其要不离腹中，所以刻刻留意者耳。

神领全身，以手为先。脚随手动，身随脚转。意与神通，气随意走，筋脉自随气行。此所以举动用意者耳。

夫太极拳者，内气之鼓荡运动，须与外形之势同。凡举动神意互恋，神领手而意令气运，由手而肘而肩，由脚而膝而腰，自可达以众归一之道，此即上下内外合为太极之妙术也。

手有八法而一神虚领，气有百环皆随意而定。神主阳而行外，势也，形也；意主阴而守内，精也，气也。手为阳而动于上，脚为阴而移于下，妙在俱合，灵在俱松。势未动而意已动，神意俱在形之先。势不可执，以神意为机变，无须以成架为局焉。

四、王柏青《太极丹功义诠》

道自虚无生有为，便从太极中规循。天地分判阴阳义，人法自然意合神。
道心玄秘守天根，内丹培育成在坤。精气合炼延年药，浑然天人俱忘春。
悟得天心道基尊，生生妙境育灵根。抛却名利海天阔，寰中日月随心神。
两只慧剑定中土，一团和气冲玄门。苍海无浪缘龙蛰，青天恬谧赤子心。
精气神喻三祖孙，气为先祖万物根。精乃气子生神意，积气生精自全神。
出玄入牝呼吸循，念念归底海容深。俟至地火喷涌时，百脉俱活修全真。
三花妙合统在神，五气聚分权由心。修德培土孕内丹，日月真息火候存。
三魂息安昼夜分，两弦期活朔望临。但使方寸宅谨守，黄芽白雪何须寻。
汞借水银喻人心，铅如钢铁比人身。婴儿姹女亦如是，黄婆撮合土意真。
坎离分合水火轮，注生定死本命根。上下左右皆非是，中腰阴阳两肾门。
子午上星下会阴，戊已神阙并命门。庚申金气土德藏，坤火巽风意息存。
乾中阳失翻成离，坎得中实转易坤。化阴抽阳还健体，潜藏飞跃总由心。
寅时面南守天根，舒形缓息渐寂隐。恬澹念沉入深海，无物腹虚静无尘。
大道无声缓缓运，一缕绵绵下归引。渐细渐长谷底满，收聚散气团仙真。
日迫月坠晓星临，三光先后开天门。深山寂幽溶溶夜，恰是道基初生根。
贪龙欲腾行沛霖，怒虎出涧将噬人。天符一道玉音降，虎归龙伏修清心。
阴阳媾合龙虎吟，意凝神醉恋魄魂。心肾交合水火济，田蒸海温好浴身。
紫气炎焰冲玄门，肌爽窍开乐人伦。甘露琼浆天池满，饵津润脏涤身心。
潜龙勿用筑基因，见龙在田产灵根。飞龙在天运武火，亢龙有悔行退阴。
祖气复入闭开门，腹胎意转运法轮。能令十息缓缓吐，三十息上可调神。

精生灵根气护神，神定身中息自沉。内息气运精神固，此真之外更无真。
神行气行元海运，一轮始终胎息匀。善养生者在守息，物欲善者勤养根。
太极一气延年药，气命神性双修门。天地合育续命芝，但知求我不求人。
肢松心沉入脐轮，太极未分是真阴。一阳动处天意现，神令手运移昆仑。
挽起光寰转乾坤，气滚意驰腹中寻。龙翔九天云伴起，虎啸幽谷风摧林。
借势循向在心神，贴从璇玑妙进身。顺力浑然迭不觉，勿用气力反伤根。
腹虚若海载万钧，能运沉浮善曲伸。神形意气能一处，移山倒海翻乾坤。
阴摧阳转阳摧阴，可知玄奥在腹心。丹田一球璇玑活，舒合恬逸动无尘。
孰晓腹气圆活真，调腑理脏顺经筋。若待寿高神体健，不枉当初勤练身。

五、陈清平《太极拳论解》

溟溟浑沌，窥窟莫测，虚而无象，焉知其极，故曰无极。既曰由无极而生，须明无极之义。自无而有，一气动荡，虚实开合，化生于一。浑圆廓象，阴阳感知，喻而名之，是为太极。故曰：若论先天一事无，后天方要看功夫。

太极者，为万物初始也。太极为浑圆之一气，怀阴阳之合聚，此气动而阴阳分，此气静而阴阳合。动静有机，阴阳有变。太极阴阳之理贯串于拳势之中，有刚柔之义，顺背之谓，曲伸之分，过与不及之谬也。习者与人相搏，须随其势曲而旋化蓄劲，引其过与不及而击之，击伸发劲以直达疾速，此圆化为方之义。彼刚攻而以柔应，此谓走化。彼欲抽身则粘缠，缓随急应，彼莫测而胆寒；虚实互换，彼崩溃而心惊。理用俱明，方悟劲之区别，熟而生巧，渐能随心所欲。故曰：知己知彼，百战不殆。

虚领顶劲，气沉丹田句，实拳法之内功也。师传曰：寅时面南，松身神凝；吐纳自然，撮抵桥通；阴阳和合，攒簇五行；子午卯酉，朔望漾应；慎而密之，久行功成。人身中者不偏，二脉隐于身内，气畅无须倚，气行现心意。浑圆一漾而贯全身，虚感之物而寓灵动。击左左空，击右右空，如充气而圆，无处受力；似簧机受压，反弹随势。压之重而弹愈强，力之沉而空愈深。

武技之道，门派各异，惟内家者势别劲异，浑身一气如轮之圆活，虚实转换，旋化随势。不明此者，久难运化，堂室难窥。

理用相合，太极真谛，习者不可不详思揣摩焉。若理能守规，久恒自成也。

六、杜元化《太极拳正宗》摘录

(一) 太极拳十三式手法起原之图

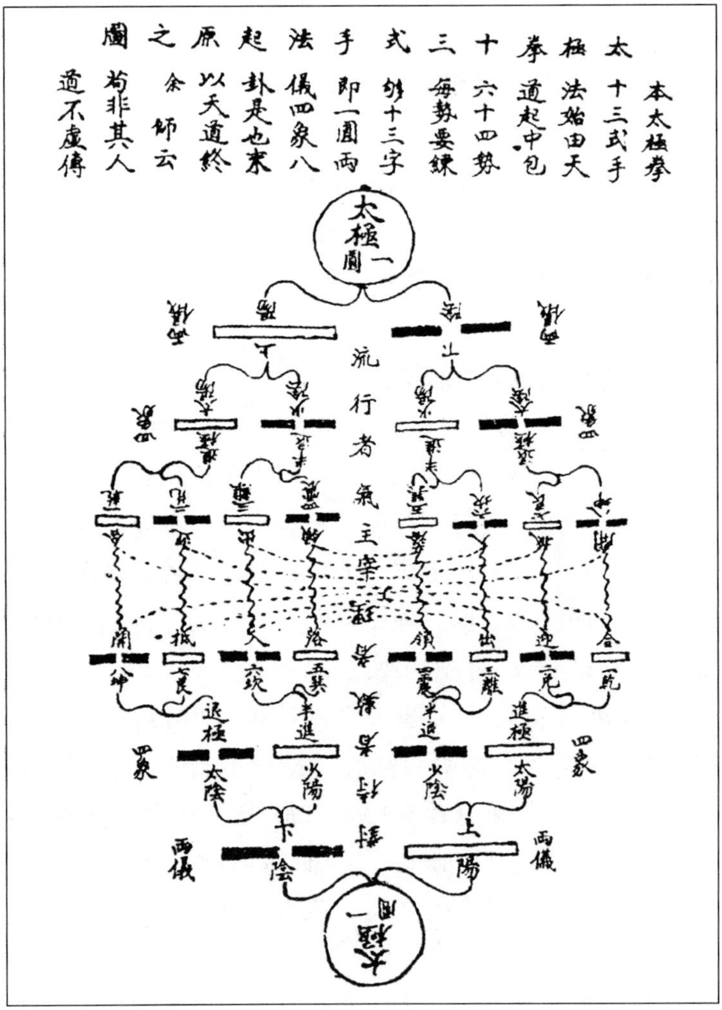

本太极拳十三式手法始由天道中起，中包六十四势，每势要练够十三字，即一圆两仪四象八卦是也，末以天道终。余师云：苟非其人，道不虚传。

【图解】该图由方向相反内容相同的两个分图组成。每分图由四大行组成。以上半图为例：

第一行：一圆。汉字正写“太极一圆”，是阴阳未判的“无极”状态。

第二行：两仪。汉字反写，以下三行均汉字反写。由一圆分出阴阳两爻，中间为白的一条 ▭ 是阳爻，全黑中断的 ▬ ▬ 是阴爻。

第三行：四象。由第一行的阴爻阳爻再各分阴阳，成为本行两对阴爻阳爻。这四爻与第一行的两爻再分别相配，形成上下两爻的四卦——全阴的太阴、全阳的太阳、上阴下阳的少阳、上阳下阴的少阴。

第四行：八卦。第三行的四爻再各分阴阳而成本行四对阴阳的八爻。这八爻再与第二第一行的爻象相配而成有上中下三爻的八种卦象。

另外，“上下”分两仪，“进退”呈四象，“开合”“领落”“出入”“迎抵”分别对应八卦的乾坤、艮兑、坎离、震巽。这种关系图中以花括号连接。以上卦象的体用功能，下面的（二）中有解释。

下半图与上半图内容相同、上下方向相反。

图横向的中间用虚线把上下两图相同的卦象连接起来。

图纵向的中间写着：流行者气，主宰者理，对待者数。意思是：

本图表示的是体内之内气的生成与运行的空间时间关系，它与宇宙、天地万物的生成和运化的规律同循一理，都可以用多层阴阳相对的数来表示。

（二）总歌兼体用连联解（节选）

一圆即太极。

此层从背丝缠丝分出阴阳。其练是缠法，其用是捆法。

上下分两仪。

此层阳升阴降，阳轻阴重。其练是波澜法，其用是就法。

进退呈四象。

此层半阴半阳，纯阴纯阳，互为往来。其练是虿（chài）法，其用是伏贴法。

开合是乾坤。

此层天地相合，阴阳交合。其练是抽扯法，其用是撑法。

出入综坎离。

此层火降水升，水火沸腾。其练是催法，其用是回合法。

领落错震巽。

此层雷风鼓动，有起有伏。其练是抑扬法，其用是激法。

迎抵推艮兑。

此层为口为耳，能听能问，彼此通气。其练是称法，其用是虚灵法。

命名十三式……

其中所包一圆两仪四象八卦各有秘诀，一丝不紊。一太极图之中而十三式俱现，秘莫秘于此矣！万万勿轻施。

秘戒学者慎重传人，切忌滥授。

七、郑悟清拳论摘录

（一）手稿

据刘瑞著《武当赵堡太极》，广东教育出版社 1997 年第 2 版所收影印版转写。

太极拳序

拳术所以锻炼身心振奋精神也。然我国拳术源流甚古，因其姿势功用之不同，而派别名称亦异。有以险奇为贵者，有以平易为贵者，则不尽然，皆能发达体育。而入主为奴，又纷呶无已。第溯其源流，则不外两家，即武当与少林。是武当主柔，劲蓄于内；少林主刚，劲显于外。晚近还以少林之姿势甚盛，流传愈广，门类派别亦众，相率标新立异，趋尚险奇，渐有失却体育本旨之势。初学者习之辄事倍而功半，体弱者习之尤害多而利少。故，余殊所不取。太极拳者，内家拳术中最平易，而最能发达体育者也。故余嗜之特甚，无间寒暑，日必习之，习之既久，愈觉其奥妙无穷，其功用之伟、优点之多，诚非其他拳术所可企及。兹分为姿势、动作、用意、发劲、灵巧、养生数种述之如下。

壹 姿势

太极拳之姿势甚夥，总合之有五行八卦之分，是谓十三势。何为五行？进退顾盼停是也。何为八卦？掤、捋、挤、按、採、挒、肘、靠是也。以上十三势之姿势，为学太极拳者所必经之途径。倘使吾人逐日演习，不稍间断，则若干年后，历练既深，拳术之中精奥，自能阐发无遗，而获益匪浅。

贰 动作

太极拳之动作，须慢而匀。盖外家之拳术虽见速效，而流弊滋甚。若太极拳则以活动筋骨为主，故一切运动以柔活为上。惟其慢，始能柔。惟其匀，始能活。且各种动作俱成圆形，而一圆之中，虚实变化生焉。其无穷之奥妙，即在此虚实变化之中。初学者或未能知，习之既久，则得心应手，趣味无穷，既足以舒展筋骨，又能调和气血，可谓身心兼修，最合于发达体育之道者也。

叁 用意

太极拳练习时，纯任自然，不尚用力用气，而尚用意。用力则笨，用气则滞，是故沉气松力为要。气沉则呼吸调和，力松则发展先天之力。盖先天之力乃固有之力，后天之力为勉强之力。前者其势顺，后者其势逆。太极拳主逆来顺受，以顺制逆者，故不须用过分之力。惟外家之拳术，其用力用气，每属于勉强，强人以难能，故为之硬工。习之不当，流弊滋多。且习硬工者，其力已尽量用出，毫无含蓄，虽习之多年，表面上似有增进，实则其内部之力，并未加长。若太极拳虽不用过分之力与气，而练习时全在意志，惟其能用意也，所以能使其力蓄于内，不流露于外，气沉于丹田不停滞于胸。惟其不用过分之力与气，故练习之日既久，积蓄之气力愈大，至必要时，仍能运用自如，毫无困难与勉强。譬犹劳动者终日做工，非不用气力也，然其所有之气力皆已尽量用出，并无积蓄，故劳动若干年后，其气力依然如故。外家之硬工亦若是耳。

肆 发劲

劲有刚柔之别。何为刚劲？无论劲之大小，含有抵抗性而一往无前者，谓之刚劲。何为柔劲？随敌劲以为伸缩，而不加抵抗者，谓之柔劲。太极拳之妙处，在于与人交手时，不先取攻势，而能接受敌人之劲。初不加以抵抗，以其黏柔之力，化去敌人顽强之劲，待敌人一击不中，欲图谋再举之时，然后蹈瑕抵隙顺其势，而反守为攻，则敌人力竭之馀，重心移动，鲜有不失败者。盖太极拳之动作，本为无数圆形，而圆形之中，则为重心所在，处处立定脚根，虽敌人发劲极强，而以逆来顺受之法，引之入壳，待敌人之劲既出，重心既失，然后从而制之，所谓避实就虚、以柔胜刚之法也。

伍　灵巧

语云："熟能生巧。"太极拳即本此意以从事而深得个中三昧者。故太极拳之精粗，以功夫浅深为断。盖功夫深，则于其中之虚实变化皆已了然，既了然于虚实变化中，则能于虚实变化中求出巧妙之途径。故其所用之力，轻灵圆活。以视外工之用力用气，专主于一隅成为死笨之气力者，迥乎不同。且因其不用过分之力与气，故能持久而不敝，因其动作俱为圆形，故能处处稳定重心，重心稳定则基础巩固，无虑外力之来侵矣。

陆　养生

拳术本属体育一种，自以养生为主要。然此非所论外家之硬工，惟太极拳始真能养生，无论强弱老幼均可练习。吾人身体之发达，贵能平均，在生理上均有一定之程序，剧烈之运动，因不合于此种程序，结果多得其反。太极拳之动作则轻软异常，而一动全身皆动，于全身任何部分均无偏颇之弊，且因其动作柔和轻灵，故能调和气血，陶养性情，为最合于生理上之程序，能使身体平均发达者。且练习之时，无须用过分之力气，虽老弱病夫，亦不难为之。所谓却病延年，洵非虚语。

太极拳之练法说明

夫初练者，宜端正方向，以立根基。最忌粗心浮气，精神不属，眼不顾手，手不顾脚，此谓之盲练也。尤忌身形不活，手脚不随，即用猛力，处处夺力，而仅能显力者，此痴练耳。倘能平心静气，注目凝神，轻摇之以松其肩，柔随之以活其身，徐行之以稳其步，待至肩松身活步稳，然后镇头领气，以卫其力，力顺则气自通，气通则力自重。所学之法如是，练而习之，以期纯熟，则手眼步一致，心神气相同，自能臻自然而然之妙境矣。

太极初学要诀

初学而内要静空，周身而外要轻松。
内空静气行于外，外松而内有神精。
功夫不可须臾断，临用之时有奇能。

（二）语录

“练拳忌用滞力，尤忌用意。代理阴阳十字翻，掤捋挤按逍遥玩。轻灵圆活平中正，错综奇偶是主环。风吹罗衣空中飘，身手齐到甚奇妙。平坡路上无形术，无往不复艺自高。”

“不尚用力用意，恰似儿童嬉戏。身心了无牵挂，悠然先天本意。”

“元气清温浊气凉，神仙留下健身方。先要开裆收下气，站立又要膝盖藏。滚肩束肋攒脑劲，开裆下胯最为良。气从口入非自口，却从嘴角入小肠。气从鼻出不是出，鼻送五脏入膀胱。更有口法真妙诀，似闭不闭张不张。”

八、郑钧《拳法浅识》

我国历史源远流长，文化文明由于历史时代的改变，而有着不同的形式和作用。武术是历史文化遗产之一，同样也有其变化。远古时期的武术以其体力的强大产生搏击而获得生存，人类在实践中不断总结经验和教训，逐步掌握了技击的规律，以捍卫生命为主要目的，在各个时期有勇、拳、兵、军、武、拳术、国术为名。新中国成立后，定名为武术。

练武的一方面走向战场，另一方面走向舞台。不论哪一方面都有强身、技击、娱乐的内容。从强身来讲，有防身、健身、修身，这是武术的发展过程，主要研究形体、人体力学、物理力学，并以体内的精、气、神和身体运动，达到天人合一的统一和自身的和谐。武术与中国古典哲学和现代科学都有密切的关系。而武术中有某些则是粗野的伐生训练，这对于强身健身不仅没有帮助，反而使人体灵动活泼的本能退化。致使不少人练武一辈子，却抱病终身。有些是中年一过，便未老先衰或疾病缠身。这些似乎已成为普遍现象，至今还未引起社会足够的重视。在武术中早有“得法者宜，失法者损”的说法。在武术的悠悠长河中，我们的前辈大贤们早就为我们指明了方向，那就是局部与整体的统一。所以科学的武术应具备一定的条件，如动静适宜，内外兼修，身心合一。体合自然，力出本能。每个习练者，必须在明师的指导下进行锻炼。随着武术境界不断地提高，自然而然就走上了以武演道的理学境界，自然就可以超越束缚，胸襟像天空一样的开阔。达到武术高深境界，能于动静之中将客观道理体用无遗。

本门拳法则强调，当时而进，身未动而步已为之周旋，发力如担之脱肩，出神入化，随心所欲，无一定法，而拳合于道，一气与天地并立。当时而静，寂然湛然居其所，而稳如山岳；当时而动，疾如闪电。且静无不静，表里上下全无参差牵挂之意。动无不动，左前右后，并无抽扯游移之形。若水之就下，沛然而莫之御，发之而不及掩耳，不假思索，不烦异议，诚不期然而已然，精明乖巧全在于灵活，能去能就能刚能柔能进能退。不动如山岳，难知如阴阳，无穷如天地，充实如太苍，浩渺如四海，炫耀如三光。察来势之机会，揣敌人之短长，静以待动，动以处静。如此方能达到武术境界。欲达此境界必须肩松，身活步稳，镇头领气以卫其力，力顺则气自通，气通则力自重。研究武术，要理论与实践相结合，必须从形、气、质、理四个方面着手。形有外形与内形，气有浊气与真气，而以外形求其内质。然后申之以理，初以简单基本的理，日常所行极易做到，而往往被人忽视。进一步论可以变化的理，以致高深的一般不可理解的理。能如此者，学有目标，教学有方案，这样才能成为一个武术师道的具备者。

如上述能做到，而节精全神，守静抱一，除情去欲，究其精深，钩深致远，通神明之德，类万物之情，知幽明生死之情状而研审其精微，身心放松全身气感油然而生，空空进入宇宙即我、我即宇宙之境界。从而得到身心恢复、调节、改善等效益，达到长生延寿的目的。

九、刘瑞《武当赵堡太极》第四章 武当赵堡太极拳推手

第一节 推手的概念、作用和训练程序

推手是一种带有搏击性的太极拳套路技击的实践演练。它吸取了我国传统武术中的实战经验，与太极拳的套路动作和体用有机结合，在完全不用护具的情况下，使用拳架中採拿、掷打、摔跌等方法进行对抗性搏击。通过推手的实践，可以更深刻、实际地体会太极拳的内劲，亦可使周身触觉、反应等得到训练，这也是太极拳学习过程中由“盘架”到散手技击的过渡阶段和训练方法。合乎拳理、训练有素的推手运动能调节中枢神经系统，提高全身各器官的机能。

太极拳的学习一般须经过三个环节，即盘架子、推手、散手。推手是盘架子、散手的中间环节。盘架子是“体”，散手是“用”，不经过推手，“体”“用”就不能结合起来。

赵堡太极拳有三个环节、三个层次的训练。三个环节是拳架、推手、散手。拳架练形，推手练意，散手练“一”，这是三个层次。形是体，意是系，“一”是用。形与意即阴阳，“一”是形与意的统一，亦即太极。“形、意、一”与技击功夫在不同的阶段，有不同的含义。两者相得益彰，水涨船高。

赵堡太极拳的推手，其初级外形很简单：两人搭手，含阴阳，上下步，转和平圈，伺机用拳架的动作攻击对方。但随着功夫的深入提高，对各个方面都有不同要求和特殊训练，可分为三个阶段（详见第二节）。其过程必须通过“三要素”的训练来完成（详见第四节）。

第二节 推手的三层意念的训练

武当赵堡太极拳推手训练可分为三个阶段，内含三层意念。

第一层意念——“不受制于人”的训练

在推手的第一阶段，“招熟”阶段，必须进行第一层意念“不受制于人”

的训练。“不受制于人”即“舍己从人”“人刚我柔”“随人而动”。这是进入太极大门的入门功夫，它是在拳架初步练到使形体比较轻柔、圆活的情况下开始进行训练的。它要求与人推手时，做到处处不和对方发生顶撞或脱离，并且根据对方接触点上力量的大小、方向、速度和虚实的变换而变换，使对方的力始终落不到自己身体重心上（术语叫不受力）。这层意念的训练必须建立在拳架的初步功夫之上。形体要能够变动，你的第一层意念才有用，否则，你想不受力，始终势不由己，结果还是处处受力。一受力就顶撞，或则丢开对方的力点，这就是丢和顶。这也是许多人不能进入太极大门的关键所在。所以，第一层意念的训练至关重要。在这里，使形体练到转动自如，意念上不和对方丢顶（即招熟），就是在初步功夫上达到了阴阳的相对统一、相对平衡。丢和顶可以看作一对阴阳，丢和顶平衡，就是阴阳平衡，就是太极。同时，在这个小范围内形体和意念的初步合一，就是拳架和推手在这个层次上的合一。形体与意念是阴阳，拳架与推手是阴阳，合一是太极。如果学者在这个阶段不能明此道理，就难于进入中层功夫。

第二层意念——“控制人”的训练

当第一层意念具备以后，推手就转入第二阶段，即懂劲阶段的训练，同时要求具备第二层意念——“控制人”。“控制人”是指和对方推手时，在不受力的基础上，时时处处用心，通过双方的接触点，寻找对方的中心点和重心点，来控制对方的中心和重心变化。它的关键在于自己的意念处处在对方之先，他一动我就找他的重心。通过接触点能始终将对方的力源、重心及支撑腿的脚跟控制住，就算达到了“控制人”的目的，即“我顺人背”。这个阶段的拳架练习，已使形体具备了轻灵、圆活、均匀的一种黏糊劲。体现在推手上，即形体转动更为灵活、敏捷，意念想怎么控制对方，形体自然能做得出来。这时，拳架与推手、形体与意念又在高一层次上合一了，阴阳又在高一层次上平衡了，形成了高一层次的太极。学者如果到此境界，已步入了中乘功夫。

第三层意念——“发放人”的训练

第三层意念，是具备了第二层意念后的又一升华。有了“不受制于人”“控制人”的能力，必然要求“发放人”。既“不受制于人”，又要“控制人”，更要“发放人”，就是第三层意念。在这个阶段（神明阶段的推手），接触就能发，搭上就能放；同时，自己的拳已练到周身一家，形体具备了极好的整体劲。学者能达此阶段，即进入了太极拳推手的上乘功夫。此时，意有所思，形有所动；拳架的形体，推手的意念，结合得更为高级，质量更高。在这个基础上的阴阳合一，产生了更高一层的太极，达到“出手就有”“不招不架，只是一下”“犯者应手即仆”的境界，通向了“浑元一气之道”，为推手步入散手打下良好的基础。

以上三层意念的训练，起于拳架、落于散手，主要是针对推手而言的。它大致反映了赵堡和式太极拳推手的三个阶段的变化过程。但在功夫不同的阶段，都应有相应的东西来充实、提高、完善它。如果想进一步了解每一个阶段的拳架、推手、散手的具体变化情况，还需专题论述。

第三节　推手五字秘诀

听

“听”有三个方面的含义：耳听的功能、触觉功能和气场感应功能。这些功能的获得，主要通过盘架子。在长期的拳架练习过程中，耳听会越来越灵敏，动作会越来越匀称，“浑元一气”也会逐渐产生。耳听灵敏了，稍微响动，即会觉察；动作匀称了，才会感知对方的不匀；有了“浑元一气”，便会进入“不知而知，不觉而觉”的境界，使耳听、触觉和气场感应等功能上升为妙不可言的知觉反应。只有以听为先导，推手时才不致成为盲人骑瞎马，临深渊而不知。

灵

“灵”的含义也有三：形体灵、意念灵、“灵光显现”。通过拳架轻而正的练习，将会通身产生高度的协调，意念和形体保持高度虚灵，身体某部出现灵光（即辉光）。有了如此之灵，推手时才可能“随心所欲，任意发放对方”；也只有灵，才可能做到“彼不动，己不动；彼微动，己先动；彼已动，己先至”。

粘

“粘”即依附或略有接触之意。推手时，在与对方接触上以后，就要通过接触点轻轻依附到他的身上，逆来顺受，随之而动，彼用多少力，我称多少力，处处注意不让其通过接触点将力传于我身，使之不能得知我的重心所在及变化，因而控制不了我的变化，这和推手的第一层意念“不受制于人”相吻合。“粘”的具体练法、用法，必须在明师的心传、口授、身教之下，才能真正掌握好。

黏

能使一个物体附着在另一物体上的性质谓之“黏”。推手中的“黏”是要像“伤湿止痛膏”一样贴住对方接触自己的点上，而且是分量极轻地贴附，不致使对方感觉到力的存在，但又可牢牢黏贴对方，使其不易脱离，从而通过黏着点，处处探寻对方的重心点，控制对方，使其处处不能得劲。此即“我顺人背谓之黏”也。这也合于推手的第二层意念“控制人”。

缠

缠，有缠绕、纠缠之意，如绳捆索绑。“缠”字诀其意深矣，非到上乘功夫难以领会。在推手时和对方一接触，立即使对方感到如陷天罗地网，有手不能用，有脚不能动，神呆气滞，茫茫然不知所之。当达此境界时，接触点控制对方，非接触点亦控制对方；接触点可以发放对方，非接触点亦可发放对方。在自己的神念、气质的作用之下，发放对方如打“稻草人”。这也吻合于推手的第三层意念，也可以说是“浑元一气之道”的体现。在此境界之上，功夫一日精于一日，如能锲而不舍，勇猛精进，自然得太极之真道矣。

赵堡拳法非常讲究“真实性”，它充分体现在拳架、推手和散手中。可分为“形体真”“意念真”“神态真”。拳架着重练形体的协调性（即形体真），每一个动作都为实战中能运用而设，阶梯不同，训练方法也有所不同；推手着重练意念的专注性（即意念真），每层意念都随功夫深浅而异；“神态真”则是指推手和散手中在形与意合一的情况下，进入实战时的技击精神境界而言。推手中的“意念真”，是指推手时，不仅转圈，而且要一举一动都发挥出自己在拳架中练出来的能力，步法、身法、手法的转换和运用，都不忘防御对方，击败对方，致其于死地，务求实战所需要的真实意念。不动则已，动则雷霆万钧。一切都为我的胜利、为彼的失败而着想，毫不存荣辱之心，纯抱拳技要真实之科学精神。只有意念真，才可能使推手和散手有机地结合起来，临阵胜似闲庭信步。切不可为推手而推手，以免练拳终生，一旦实战，不着门径，枉自哀叹。

推手及推手所需要的真，都是为了技击实战而使用的训练手段。所以赵堡拳一般仅在自己门内进行推手训练，而不尚和别的太极拳派作推手比试功夫。

只怕这种真打实作，会因为想法不同、派别之异，而影响人的感情。其实要想发扬中国真正拳法之灵魂——技击实战的真实性，太极拳爱好者就应该抛去门户之见，以及个人荣辱，共同切磋拳技，共同探讨实战拳法。

第四节　从推手走向散手的“三要素”

第一要素——“立足打”

“立足打”，要求使自己进入生死搏斗之精神境界：与敌势不两立，有我则无敌，有敌则无我。彼不动，我亦动，先发先至；彼微动，我已动，后发先至。一接触，迎身而进，直接摧毁其精神防线，快刀斩乱麻，使对方丧失战斗力，刻不容缓。一进全身俱进，头撞、肩靠、肘打、膝顶、拳打、脚踢。宁可一丝进，不可一丝退。进是打，退是打，左右前后打，高低上下打。凡脚、身、手、头接触就是打，绝不留情。只相信自己的笃实功夫，勇往直前，无所顾忌，无所畏惧。一交手只有一个念头，就是控制对方、打倒对方、击败对方。至于我的手、身、步诸法具体如何转换、如何运用，无需多虑，平时已练好了，仅根据当时情况，只要想打，手、脚、身、头自会去打，具体如何打的，对方如何被打的，我全然不知（不知者，不勉强为之也。只因势利导，纯属自然，所以会进入无我、无知之境）。学者达此境界，则胜敌易矣。

第二要素——“抗击打”

要想进身搏斗，必须具备挨打的能力，对方打上了我，不但不能伤我，我还要伤败对方。虽然太极拳有“挨得上，打不上”之说，但谁能保证在近身生死搏斗之时，能丝毫不受对手的力？这就要求我们通过拳架和特殊的手段来练出不怕对方打击的身体素质。

第三要素——“黏住打”

抗击打的训练，解决了与对方一接触我就可能受伤的问题。“黏住打”则要求自己一出手就完全、彻底、全面地控制对方，使其变成“稻草人”，任随自己发放、伤败之。

太极拳法就是要求我们真打实作。否则，枉练若干年，谈谈可以，推手玩玩还可对付，一旦交手实战、动真格的，则茫然无措。难怪乎人们普遍认为太极拳只能健身而已！

第五节　推手技术分析

推手的目的要求

武当赵堡太极拳推手的目的有二。其一是，通过协调合律的推手运动，自然而然地使中枢神经和全身各器官的机能得到调理和增强。其二是，增进全身触觉、感知的灵敏反应，掌握“粘、黏、连、随”四种劲路，练就“化、引、拿、发”的本领，从而提高技击水平。那么，什么是粘、黏、连、随？什么是化、引、拿、发？又怎样才能达到化、引、拿、发？其过程是怎样的呢？下面作简单阐述。

1. 什么是粘、黏、连、随

粘，对方攻击，我“贴”而不“抗”就是粘。

黏，如胶似漆，“揉”而“不顶”就是黏。

连，对方攻击，敌我连成一体，中间不留间隙，手臂虚“圆”而不“扁”就是连。

随，彼走我应，“追”而“不丢”就是随。

学习体会“粘、黏、连、随”，必须从克服“丢、扁、顶、抗”开始。四种弊病既除，自然也就有了“粘、黏、连、随”的功夫。那么什么是“丢、扁、顶、抗”?

丢，即离开、丢掉。进攻中，黏不住，跟不上对方，丢失进攻的目标和时机，防御中不是积极地以攻为守，而是消极逃跑，丢失反击的能力，给对方以腾出手来向我发起进击的机会，使自己处于被动挨打的地位。

扁，即撑不圆、掤不住。对方大力进攻时，自己手软腰硬，往往被对方压扁。身手被制，失去门户，对方便可长驱直入。

顶，如两牛抵架，极力相顶。用力过程中腰身、臂运转不圆不匀，枉生圭角，凹凸不平，处处僵滞，对方来力难以化解，焉能谈打？

抗，即用力顶撞，硬碰硬，全然没有太极拳逆来顺受的概念。用力僵直，以力相抗者，遇身灵手快，稍能顺化者，必遭其殃。

此四者对“粘、黏、连、随”来说就是“四病”。“粘、黏、连、随”，无论是在推手或散手中，都是极重要的。因为这是知敌、制敌的前提。没有此前提，“化、引、拿、发”便是空中楼阁。

粘、黏、连、随四种劲路在拳架中表现为转圈、滚圆。故练习时，一要从去除“四病”开始，二要从拳架的转圈、滚圆中体会。这点非经长期锻炼难以体会得到，只凭文字描述，常会使人望文生义，误入歧途。

2. 什么是化、引、拿、发

化，走化，敌进我退，避其锐气，使他挨得着，打不着，以“黏、连”为主。

引，诱敌力出，令其自入困厄之境，一旦将其引偏，即可随意採拿、掷打。

拿，拿着敌劲，即控制住对方，使其不能自主。

发，待“拿着敌劲后”，即刻将敌发放出去，故有“发前必拿”之说。“发”也叫掷、打、跌。

武当赵堡太极拳发劲有提劲、沉劲、开劲、合劲、钻劲、弹劲、惊劲、盖劲、断劲等。在推手和实战中，经常使用综合发劲，发单劲较少。因太极拳发劲疾如闪电，有的是挨到皮肤后方迅疾发劲的，且是一种调动全身能量的内劲，外形表现极不明显，很难被人觉察。故挨打者懵懵懂懂，不知怎么回事就被发出。由于太极拳发劲注重旋转，所以被发出者，常常在受力后连旋带转，在几个方向的圆弧合成的轨迹上被抛出。

化是因势利导，引是利诱造势，都是为了使对方陷入背境。拿是以巧取势，以小胜大（採腕制全身）。发前必须施使以上三者之一方可发。故“发”可分为“化发”“引发”“拿发”三大类。

3. 达到化、引、拿、发的中间过程

由“粘、黏、连、随”到“化、引、拿、发”，须先经过听劲、懂劲，并渐次趋于纯熟。尔后达到“化、引、拿、发”而臻于神明。

所谓听劲，就是通过皮肤的触觉来感知对方来劲大小、方向变化等。有了“粘、黏、连、随”四种劲，方可言听劲。

所谓懂劲，即明了用劲的黏随、刚柔、虚实、轻重、蓄发。

推手的形体要求和八法技术分析

前边简单地阐述了提高推手水平的顺序是从“粘、黏、连、随”到听劲、懂劲，由听劲、懂劲到“化、引、拿、发”。那么这个提高过程如何实际操作呢？

(1) 采用活步双推手、上下步的方法，处处保持太极拳图的形式。

(2) 粘、黏、连、随、听劲、懂劲的练习是在通过转“和平圈”或在和平圈中感知出拳架中每招每势掤、捋、挤、按的作用之所在。

(3) 待到对掤、捋、挤、按有一定程度的掌握之后，便可以身八法调整自己身形，加入手八法与腿八法的使用和训练，用这二十四法来稳固自己的重心，去破坏对方的平衡。

故武当赵堡太极拳推手形式，是上下步、活步推手，转和平圈，伺机在和平圈中使出二十四法，借以稳固自己的重心，攻击对方和破坏对方的平衡，取得竞技上的胜利。这与其他门派在推手中反复出现二十四法有很大的差别。

武当赵堡太极拳推手锻炼对全身的状态要求与练拳架时完全一致。这就充分显示了武当赵堡太极拳“三合一”的特点。

手八法（上八法）

手八法（也称上八法）是掤、捋、挤、按、採、挒、肘、靠，其中掤、捋、挤、按是正法，採、挒、肘、靠叫奇法。八法以掤为先。

掤：由下向上向外掤起对方来手，使之不能近我胸腹。用此劲时，我双手起弧向上掤出，两臂撑圆如蓄劲之弓，腹下虚含弹劲。

捋：两手分别按对方手腕与肘部，我拧腰转胯，顺其势使之劲力落空。“捋要柔顺”。

挤：贴挤对方，使对方身、手、脚被挤实而不能变化。“挤要横排”，避开梢节，从根节入。

按：这是由上向内向下向前弧形滚压的劲。“按前有一化”，向内向下便是化。

武当赵堡太极拳的掤、捋、挤、按全在一圈中（如金刚三大对、手挥琵琶），使用时一个接一个，连环使用，使人防不胜防。掤和捋是防守性的手法，又是守中带攻的手法。挤和按是攻击性的手法，又是攻中带守的手法。挤和捋是对立的，挤可破捋，捋可破挤，掤和按也是如此。

採：如采叶摘花，以拇指、食指、中指为主採拿对方梢节。採尚技巧，以小制大，以一手一指制全身。採要顺势，“採前要轻，採时要快”。採前轻，对方不易察觉；採时快，只在一瞬间，对方来不及变化。

挒：扭转、转折的意思。在对方上肢关节处加一力偶（两个平行力大小相等，方向相反，不共线），是利用其重力和惯性造成关节创伤的一种方法。

肘：弯曲前臂，以肘关节处攻击对方。“肘不轻使”，用时要进身。用不好，反容易受制于人。

靠：进身时以肩、背、胯、臀部撞击对方。武当赵堡三合一承架太极拳素以靠著称。常用的靠有肩靠、肩胸靠（迎门靠）、贴身靠、背折靠等。其实到了较高的层次之后，掤、捋、挤、按、採、挒、肘、靠是合一的，一伸手什么都在其中。

以上八法只是为了讲述清楚起见而分别讲述的，在实战使用中是密不可分的，尤其是达到较高层次后，一举手，一投足，“八法”尽在其中，无需多虑。

武当赵堡太极拳以中八法（身八法）纵、横、高、低、进、退、反、侧调节自己的重心，用上八法（手八法）掤、捋、挤、按、採、挒、肘、靠攻其上，以下八法（腿八法）缠、跪、挑、撩、劈、壁、挂、蹬制其下。上下其手，胜券在握。此二十四法在推手转圈中，可完全贯穿融合于太极拳的全部套路招势中，在得机得势时，可单独或综合使用。

武当赵堡太极拳既可颐养天年，使人获“颐养之福”，又有高超的技击功能。它攻守兼备，守柔而强，以正治身，以奇攻敌。其守也，稳如山岳，使敌不知其所攻；其攻也，动如闪电，使敌不知其所守。此乃太极拳之真谛也。故武当赵堡承架太极拳，相传口诀有：“太极三合一，承架传授稀。练架软如绳，推手活似龙。散打出手快，进退活步行……”其中三昧，你就在练习中去品尝吧。

柒 崔彦星习拳研拳轶事及拳论

一、习拳研拳轶事

（一）拜师记：从儿时的争强好胜到师从名师

崔彦星先生为中国河南省焦作市温县吕村人。温县是中国太极拳之乡，当地习武之人甚多。崔彦星的父亲是当地中学著名的数学老师，跟当地的一些陈式太极拳名家相识，业余时间经常习练陈式太极拳。崔彦星自幼好武，起初随父学习陈式太极拳。有一次，邻居家同龄的孩子约他去本村崔满仓老师家耍拳。崔满仓老师在村里教赵堡太极拳。他本来不想去，但最后还是被伙伴硬拽着去了。到那里以后，他与另一孩子比试，结果被摔倒了，心里很不服气，爬起来又继续比，第二次仍然被摔倒在地，不过这时他已经记住了对方所用的招式，所以在第三次比试时，当那个孩子仍想用同样的招式摔倒他，却反而被他摔倒了，当时崔满仓老师在旁边看到后不由连声叫好。从此，他就开始跟着崔满仓老师学习赵堡太极拳。那些年每年初四崔满仓老师都会带学生到郑钧老师家里参加聚会，在那里他接触到了很多练太极拳的人，学到了很多。

20 世纪 80 年代初，温县举行首届农民运动会，他也报名参加了比赛。比赛之前，崔满仓老师带他去见当地著名的赵堡太极大师郑钧老师，请郑老师指点他。郑老师是著名太极大师郑悟清先生的次子，武功高强，很有威望。他的父亲郑悟清是近现代赵堡太极拳的一个传奇人物。郑悟清自幼体弱，7 岁患童子痨，10 岁入私塾，16 岁当学徒。后积劳成疾，肺病加重，卧床不起。经友人医治并习练太极拳，效果显著。年近 30 时，拜邻人、赵堡太极拳第九代传人和庆喜为师，成为赵堡太极拳第十代传人。后又结识了享盛誉于黄河两岸的堪舆学家安伯一先生，在理、数、象学方面多有收获。他勤学苦练，并能将拳架拳理与易理融会贯通，使拳艺达到炉火纯青、妙不可测的境界，曾任黄埔军校七分校国术教官（授少校军衔）、西安国术馆委员等重要教职。其60岁时，几近谢顶之头又生黑发。晚年仍童颜健步。郑悟清长子郑瑞，早年曾随郑悟清一起学拳于和庆喜，后又得郑悟清亲授，著有《武当赵堡太极拳小架》（郑悟清传授，郑瑞、谭大江编著）；次子郑钧，则一直为父亲亲传，为第十一代传人。郑钧先生多年以来练功不辍，虽因职业原因40岁时已被诊断为三期肺病，但至今已年过八旬，仍然精神矍铄。太极拳的神效如此！

郑钧老师一见到年轻的彦星，就用手从他的头沿着背部摸了一下，说："是块好料。"然后就让崔彦星使劲推自己。当时崔彦星年龄虽然不大，却是天生神力，看着郑老师年纪比较大，就担心自己一使劲把他推倒了，所以不太敢用力。郑老师一下子就看透了他的心思，说："你尽管用劲吧。"不过，他开始还是只用了七成力气去推郑老师。但不知道怎么回事，一下子自己就飞了出去。郑老师说："再来。"他心里奇怪，为什么没见郑老师怎么动，自己就被打出去了呢？于是第二次他用了全身的力气去推郑老师，结果他飞出去得更远。后来他才明白，这其实就是太极拳里的反弹劲，郑老师借助他的力气把他打飞，他用劲越大，反弹到他自己身上的力气就越大。之后，郑老师给他说了几个招式，语重心长地对他说："好好练吧。"崔彦星天生有股不服输的劲头，见识到郑老师的功夫后，就想要学到手。于是，他拜在了郑老师的门下，一有时间就跑到郑老师家求教学习。经过郑老师的悉心指点，加上他自己的刻苦锻炼，他的太极拳术突飞猛进，后来在国际太极拳年会上，曾取得太极拳第一名、擂台第三名的优异成绩。

（二）练功记：绑沙袋、劈砖、立砖站桩、坟地夜拳、邙山静修

崔彦星先生自小嗜武成痴，练武从不需要别人督促，每天早上四五点起床练拳，晚上睡觉之前，还要再打几遍拳。除了练拳之外，每天还做各种体能训练，比如俯卧撑、仰卧起坐、立定跳远、举重、跑步等，时常到麦田里练习百米冲刺。他采用了多种方式进行锻炼。有一段时间，他经常跟同伴去附近的砖窑里，把砖摞在一起用手去劈，练习硬功。有一阵则把附近机械厂车床车下的

铁砂拿回家，缝制砂袋，然后把砂装进去，一个砂袋十几斤，每个腿上绑着一个跑步。他还曾经在自家院子里挖坑，没事的时候就从坑里往外跳，练习轻功，或者把砖竖起来，一脚踩一块，练习站桩，既增强了身体的稳定性，同时也锻炼了脚下的听劲。先天的素质加上后天的各种锻炼，使他各方面的体能超出同龄人很多。他在小学时就能够从课桌一边蹦到另一边，高中时跳高能跳1.75 米。小学时参加运动会，老师让他扔铅球，尽管从来都没有扔过，但他像平时扔土块一样扔了出去，就打破了当时的纪录，至今无人能破。

学拳之后，每次听别人说了一种练功的方法，他都会去尝试。在中学的时候，他听前辈讲，在坟地里练功上功很快，于是就一直想试试看。刚好那时村里有一座几亩大的公坟，平日里他经常跟大人到坟地抓野兔，有时村里人去世出殡的时候，他也常负责拿着花圈送到坟地去。那年秋天，有一天晚上十点左右，他一个人吹着口哨往公坟走去。他胆子一向很大，开始的时候，一点都不觉得害怕，但越接近坟地，他的心里就不由自主地紧张起来。坟地面积很大，他到了常去的比较熟悉的那块地方，那里埋的都是他本村的人。在那里站了一会儿，开始虽不很害怕，但是感觉身上有点发毛，过了一会儿就觉得周围阴气森森的，忍不住有些心慌，就赶紧离开了。但他并没有放弃，几天后就又去了一次。有了第一次的经历，第二次心里就不再那么紧张，到了坟地后，静下心来，刚想练拳，就看见四周到处磷火闪烁，还有萤火虫飞来飞去，一下子头发不由得直竖了起来，心里再也静不下来，只好回去了。又过了几天，他第三次去坟地，这一次心里踏实多了，想着那里埋的都是自己村里的人，平日里都很熟悉，而且自己还帮他们拿花圈，有什么可害怕的呢。这样想着，心里逐渐安定下来。周围非常安静，但并非没有声音，而是充斥着各种各样的虫子叫声，不过这些声音却使坟地越发显得寂静。他的心刚静下来，突然发现旁边的草在动。开始他以为是风吹的，但随即发现并没有风，又想或许是什么小动物。这时候只听到一声响，一个黑影从草丛中出来了。他以为是鬼来了，不由得浑身汗毛、头发都竖了起来，马上俯身拿起一块砖头，冲黑影大喝一声，谁？那个黑影却不回答，他又喝道：不说是谁我就砸了。那个黑影慌忙说道：别砸别砸，是我。一看，原来是邻居家的孩子，白天下了兔夹子，晚上过来收兔子。两个人都没想到会碰见，互相把对方吓得不轻。结果这次也没练成拳，而是跟邻家的孩子炖兔肉吃去了。但经过这次之后，他对坟地的恐惧感就完全消失了，后来就经常去坟地里练拳。他在坟地里练拳的感觉非常好，周围的气场很强，心里很静，同时又不由得时时保持警觉心。这一经历，使他能够做到往那里一站，就有见鬼神而不惊的从容镇定。

在他家附近的邙山上，有很多窑洞，本来都是住人的，后来很多人盖了砖瓦房，有些窑洞就废弃了。高中的时候，有一个暑假，他专门离家去窑洞练功。那一段时间天很热，但窑洞里很凉快。他找了一个有床有灯的窑洞，在那里一呆就是一个多月。在那里没有人打扰，他练功十分专注。每天练功之后就跳到黄河里洗个澡凉快凉快。那段期间他的功力大增。

（三）医理、拳理研习记：中华名医田纪钧、中医研究院培训班、行医实践、医理拳理合一的思考和创新

太极拳是中华武术的一个古老的拳种。从其起源发展来看，它既是一种奇妙的养生之术，又是一种高超的武术，太极拳的每招每式都蕴含着无穷的奥妙。虽然自古以来练拳的人很多，但能够达到太极境界的人并不多见，而对于太极拳理的研究阐发，更是少之又少。在当今中国，太极拳得以推广、传播，其普及程度超过了以往任何一个时代，也是其他拳术所无法比的。关于太极拳的出版物也多达成百上千种。这种繁荣的表象体现的却是人们内心的浮躁，真正能够沉下心来，修炼太极拳并研究体悟其拳理的人并不多见，而崔彦星却是其中的一个。随着太极拳术的提高，他对太极拳理的体悟也更为深入。为了从理性上认识太极拳，他对赵堡太极拳前辈流传下来的拳经拳谱，进行了系统的研读，并遍览有关太极拳的种种书籍。他阅读这些书籍，不是简单地看，而是边看边用身心去体会其中的道理。可以说，他对于赵堡太极拳的每一招式，不仅做到了知其然，而且还能够知其所以然。

现在大多数人习练太极拳主要目的是为了强身健体，即所谓的养生，使身体能够强壮起来，免受病痛折磨。而太极拳的这一功能使它与中医医理有着密切的关联。

崔彦星小的时候，有一次生病，家里请了一个师傅用内功给他点穴治疗。在点穴之后，过了十几分钟，他出了一身大汗，病就好了。那次经历让他初次深深体会到了气功治病的神奇。而在练习太极拳的过程中，他不断地体会到

气在身体经络中的运行，使他对中医产生了浓厚的兴趣，萌生了学习中医的愿望。这个愿望在他心中埋藏多年，后来到了北京才得以实现。

2004年初春，他刚到北京不久，北京饭店的李总跟他学拳，介绍他认识了北京饭店开设的首都知名中医专家特诊部的田纪钧老师。田老师是刘道信（字义臣）先生的高徒，是著名的骨科专家、刃针的发明者、少林派正骨传人，医术高超。于是他就开始跟田老师观摩和初步学习了正骨、点穴、推拿、针灸、刃针等技术，了解了中医的一些基础理论知识。后来他又到中国中医研究院进修学习了三个月，连续参加了两期培训班，系统学习了中医的基础理论，以及正骨、针灸、火针等技术。通过学习，他更加深深地感受到中华武术与中医是相通的，如果习武之人不懂医理，功夫就很难达到高超的境界；如果学医之人不懂功夫，则会在治疗他人的时候损耗自己的精气神。只有两者结合，才能够体用相合，既提高技艺，自己又能够身体健康，这样才能够帮助更多的人。

通过多年的实践，根据阴阳五行学说，结合太极拳的螺旋劲、导引吐纳的气行路线、内劲的外分里合等，他总结了一套独特的推拿正骨方法，用来治疗颈椎椎体的移位、脊背的腰肌劳损、腰椎滑脱、内分泌紊乱等。他先是跟随田老师在北京饭店坐诊，后来曾在多个医院坐诊，帮助许多患者从病痛中解脱出来。他在医院坐诊的时候，曾给一位患病多年的阿姨治病，几次之后她的病就好了，那位阿姨非常感谢他，让她的先生给崔老师写了一副字：掌上神功，妙手回春。

崔老师天性善良，每次给别人治好病，就感到非常愉快。有时在路上碰到有病痛的人，便忍不住上前帮忙。有一次崔老师从北京坐火车回老家，火车刚离开北京不久，他正躺着看报纸，听到广播里播音员问，有没有懂骨科的大夫？有一个小孩关节脱臼了，急需治疗。他开头想，这么多人还能没有骨科医生吗？所以他继续躺着看报纸。过了一会儿，广播里又开始问。他就有点坐不住了。这时一个列车员经过，他就问了一下，列车员问他你是医生吗？他说自己是学武术的，懂一些骨科知识。列车员很高兴，就带他到了8号车厢。当时列车长和几个列车员无助地站在一个抱着孩子的妇女旁边，孩子已经哭得上气不接下气。经了解得知，孩子摔倒时，孩子妈妈拉了一下孩子的右臂，结果脱臼了。他让妇女抱好孩子，自己一手扶住孩子的右肩，用另一手抓住小孩的右臂往下一拉，再往上一送，只听孩子哇地大哭了起来，列车长和几个列车员说，好了好了，小孩的手臂原来垂着不能动，现在搂住他妈妈的脖子了。孩子的妈妈流着热泪连连说：谢谢大夫。列车长也说，你留个电话吧，我们要给你写个表扬信。崔老师呵呵一笑道，举手之劳，不用了。还有一次，60 周年国庆的时候，他和两个朋友去天安门游玩。由于人特别多，天气又热，一个年轻人走着走着突然昏倒在地。当时周围的人慌作一团，连忙高喊：有人昏倒了。附近有两个警察赶快往这边跑，并喊道：大家不要乱，围成一圈，不要让人踩着他。他刚好从旁边经过，看到那个年轻人跟自己的孩子差不多，又高又瘦，心生同情，就马上走到他身边，查看了一下他的瞳孔，知道没什么大事，于是给他点了点人中，顺着膻中穴往下推了几下，那年轻人就醒了过来。

随着对太极拳研究的深入，崔老师认识到，太极拳不仅仅是一种拳术，也是一种养生之道。他结合自己的经验，编了一哼二哈三松抖功法。哼开督脉利膀胱，膀胱经一通，腰背就轻松；哈开心脉利五脏，心脉一开百脉俱开；松抖缓解一身疲劳。这一功法既可以作为习练太极拳的辅助功，又可以单独练习，达到健身的目的，对于年龄大不易学习太极拳的人非常有用。很多人想练太极拳，但又没有充分的时间学习，或者学习全套太极拳比较困难。针对这种情况，崔老师编了一套简单易学的养生十一式。之所以取十一式，是谐“试一试”之音。一般都说太极拳三年一小成，十年一大成，这难免会让人们对太极拳望而生畏。而十一式选取赵堡太极拳的主要招式，让人们本着试一试的态度去学太极，从中体会到太极拳的博大精深。此外，他还编了其他一些功夫，如太极五行捶、老少皆宜的赵堡太极拳十大养生桩功、两人组合的增强心肺功能的拍打功、人人皆宜的撞丹田功。这些功法都可以单独习练，达到养生健身的目的。

（四）职业授拳生涯：艰辛与收获、教拳与教人、遵行武德点到为止

崔老师从小就喜欢太极拳。在参加温县第二届中国国际太极拳年会之后，经过三思，他辞去了工作，到各地寻访拳友，同时也开始了他教拳的职业生涯。在教拳的过程中，他越来越觉得教太极拳就是他的使命，他希望能有更多的人学习太极拳，从中受益。从喜欢到职业之路非常艰难，但正由于真心喜欢，路再艰难他还是坚持走了下来。来北京之前，他曾先后在河南郑州、洛

阳、漯河、广州、深圳等地教拳，其中在漯河的时间最长。

2000年漯河好友邀请他去漯河教拳。他在漯河市的沙河岸边，开办了太极拳学习班。每天早上6点到8点，晚上5点到7点，跟他学拳的人很多，从八岁的小孩到六十多岁的老人都有，前后教了3年。2003年春季的“非典”时期，大街上人非常稀少，而每天早上沙河岸边却有很多人跟着崔老师练习太极拳，大家练拳时相隔距离较平时远了一些，但都坚持练功不辍。这成了当时漯河的一道风景，漯河有线电视台对他做了专题采访，并在“真实人生——百姓故事”栏目播出。

不过，随着时间的流逝，漯河过于安逸的生活让他心生不安，同时他也希望能够让更多的人了解赵堡太极拳。因此，在2004年春天，崔老师毅然只身一人来到北京教拳。刚开始的时候，为了省钱，他住在冬天冷夏天热的狭小的廉租房里，曾经连续一个月每天以方便面为食。但这些都不能动摇他传播太极拳、弘扬太极文化的信念。虽然知道很多挣钱的方法，但他宁愿选择教拳，因为他感到这才是他内心真正想要做的。他在北大、清华办过学习班，并常年在北大西门旁边的畅春园公园里教拳。教拳之余，他经常带上干粮和水到书店看书，逛各种旧书摊，购买了有关太极拳、中医以及相关的各种书籍。而这无形中也使他对太极拳的认识日臻深入。

无论在哪里教拳，都会碰到一些人来找他交手。崔老师认为武术就是需要交流，有交流才能有进步。他在跟人交手时从来都是点到为止，让来人心服口服。当年去漯河时，有一人据说一拳能打三四百公斤，经人引介来找他比试。崔老师先是客气地问他是要推手还是摔跤，他说自己擅长摔跤，并说，你们推手不是和摔跤差不多吗。崔老师就说，那当然不一样，你试试就知道了。他二话不说，一伸手就抄了过来。崔老师只用了一招斜行拗步，借劲顺势一下子就把他摔倒在地。但他不服，爬起来又抓住了崔老师的衣服。崔老师接着一个反擒拿将他连手带肘採住，疼得他呲牙咧嘴，扑通跪在地上，大叫“好了”。等他起来后，崔老师问他如何？他还不死心，又要比试散手，说着一拳就打了过来，崔老师一个迎面掌，连挡带打，手掌直逼到他的脸前，他不由大惊失色，连说，好了好了，你身手太快了，我服了。

初到北京时，也有很多人来找他交手。曾经有一个人，练了大半辈子的太极拳，自己还带了不少徒弟。有一天特意来找他推手，崔老师一再推让，但那人执意要比试，于是崔老师就让他来推自己，交手之间，几次崔老师都有机会把他打倒，但他只是点到为止。结果那人不服，认为他没有把自己打倒，不能算赢。崔老师无奈，就带他到了草地上，几分钟内就把他摔倒了两三次，那人才服气了。他跟崔老师的学生说：你师父太厉害了，现在这样的高手太少了，你们应该跟他好好学。

由于崔老师对于拳理、中医都有深刻的认识和体会，在教拳的过程中，他的讲解非常通俗易懂，总是能够用生动的实例来把一些微妙的道理阐释清楚。比如，他用狗尾巴的变化来说明练太极拳时尾闾的变化，放松的时候，尾闾是垂直的，就如同狗放松时尾巴下垂，但当用力发劲的时候，尾闾要向内卷，如同狗要向前冲时夹着尾巴一样。关于放松，崔老师也有很形象的解释。他常说松不是一味的下沉，那样的话就是丢，而不是松。松应是像不受力的干海绵一样松涨着。一开始学拳，谁都难免有这样那样的问题。崔老师总是能够发现学生的优点，给予鼓励，使学生对学好拳充满信心，而对于学生存在的问题也不会放过，但一次只指出一点。这样，既使学生学得有自信，又能够扎扎实实地进步。

崔老师的教拳生涯已经有二十多年了，教过的学生难以计数。凡是跟他学拳时间长的学生都了解，他不仅仅是在教拳，更是在弘扬太极文化，为中国优秀的传统文化得以传承做出自己的贡献。

二、彦星拳论

（一）释松柔

松柔有三个要点：（1）精神不能松怠；（2）肌肉不可松懈；（3）意识不可松散（中心不可脱离）。

松有虚空之象，松有轻灵之机，好像松干海绵、弹簧的松开，好像鞭炮的爆炸，全身各处一起向外松开涨去。松有踏实厚重之感，有拨云望月之势、支撑八面之意。与松相对的是实、是紧、是蓄劲，好像被攥紧的干海绵、被下压的弹簧、被纸层层紧裹的鞭炮。松的目的是走化劲，再由化劲将松转变为实为蓄，蓄到发力点的瞬间发力，则是又一轮的瞬间“松”。“松是全身松，紧是一丝紧”，是之谓也。

松，外指肌肤皮毛、骨头关节、动作形态，内指精神意识。骨头关节放松，才能增加动作的灵活性；精神意识放松，内气才能运行自如。内气运行，要渐行渐松，才能如波浪一般一波推一波，一浪推一浪。松，才能在推手实战技击中感知对方劲力大小方向、目的；才能与对方粘黏连随，牵制着对方，并抓住时机瞬间转逆为顺，转败为胜。

松柔是不用肌肉的紧张和发力去动作，而是由体内各个实体之间的气去驱动动作（参看本书叁“周天行气法”）。内气压缩谓之紧，内气涨开谓之松。松柔会产生全身的整劲和强大的松沉之力。如初生婴儿骨弱筋柔而握固，成人都很难把他那紧握的小手扒开；如熏熏昏睡之醉汉，几个壮汉都难以抬起搬走，因其全身关节节节松开，抬这边那边坠下，抬那边这边又坠下，似一滩烂泥，无一处可以着力。

在行功走架的过程中，意识放松，但不可缺神气。颈肩放松可使内气下沉，避免耸肩抬肘之弊病，使手臂灵活。

腰部的放松是指上有虚领之意，而下有气沉之感。百会虚领和内气下沉的共同作用使腰上（腰椎、胸椎、颈椎）和腰下（骶椎）上下对拉开来，腰部于是松涨挺直。松腰绝不是“塌腰”。

胯关节的放松则可使身形步法更加灵活。也就是说，拳架姿势动作的变化之妙在胯而不在腰。腰似顶梁柱，不能弯曲或塌下。拳经云：以腰为轴。既是轴，就要起到控制胯之灵活变化的稳定性作用。汽车转弯的灵活性在于连接双轮横轴的万向节上，横轴上的万向节所连接的、转动灵活的双轮就好比是我们的双胯。

而决定双轮转弯灵活性的万向节的控制又在方向盘，方向盘的轴是连接在纵轴上的。人体的纵轴是什么？就是我们人的脊柱。垂直向脊柱的稳定性、伸缩性对于双胯水平向的灵活转动以至整体的拳架姿势起到决定性的作用。

此外，从养生上说，脊柱、关节、肌肉、精神意识的放松，能使人体周身的气血更加流畅，经脉畅通。俗话说，“通则不痛，痛则不通”“腰松才能一身通，背松才能满身轻”，是很有道理的。

现在很多人练摔臂、猫行，这对初学太极者是有一定的帮助，但随着功夫的长进，只有内在的放松才能身心合一，临危不惧。

（二）贵乎诀

头贵乎正，颈贵乎挺，肩贵乎沉，臂贵乎重，肘贵乎坠，手贵乎快，指贵乎领。

胸贵乎顺，背贵乎直，肋贵乎张，腰贵乎活，腹贵乎松，肛贵乎缩，裆贵乎圆，胯贵乎合，膝贵乎藏。

身贵乎正，脚贵乎灵，步贵乎稳，跳贵乎轻。

脑贵乎补，齿贵乎扣，舌贵乎贴，津贵乎咽，唇贵乎动，耳贵乎聪，鼻贵乎息，眼贵乎明。

筋贵乎长，骨贵乎坚，毛贵乎竖，肉贵乎悬，心贵乎静，精贵乎聚，神贵乎凝。

进贵乎打，退贵乎化，松贵乎进，虚贵乎实，实贵乎虚，起贵乎拔，落贵乎稳，用贵乎巧，意贵乎纯。

欲贵乎忘，色贵乎空，含贵乎止，吐贵乎展，吸贵乎新，升贵乎降，降贵乎升，性贵乎修，命贵乎养。

学贵乎博，练贵乎精，看贵乎仿，问贵乎清，理贵乎明，拳贵乎练。

捌 听崔彦星谈天论道①

问：什么是太极拳？

崔：太极拳是中国传统文化的一个载体，不是一个简单的体育锻炼，也不是一个普通的武术运动。它融入了儒释道文化，以道家哲学思想为主要的骨架，形成一种静中有动、动中有静的拳术。即，在运动中得到休息，在休息中得到运动的一个锻炼方法。大到天文地理，小到吃喝拉撒睡，都包容在太极拳里。所以太极拳摸得着、看得见，是一个值得我们去研究和学习的，对我们有利，帮助我们学习和生活，提高我们生活质量的一个工具和方法。

问：太极拳练的是什么？

崔：练的是精、气、神，练的是身体的平衡和经脉的通畅，练的是健康的体魄和心灵的愉悦。

练拳之前往那里一站，就要达到忘生死而入定，见鬼神而不惊。不劳心神，神灵自显。身是透明体，心是宇宙圈。上善若水，心定神安，厚德载物，气沉丹田。自然本真，中正圆活，大道无边，身健体安。

太极拳的核心思想是以武言道，崇尚自然，平衡身心，开启智慧。以有形之躯，演无形之法；以无为之心，做有为之事；性命双修，益寿延年。

大道理前辈们说的已经很多。这里我想用最普通的话来说明。太极拳是通过以武言道，达到与自然协调一致、身心的平衡、身心的稳定，从而开启智慧。把自然界一些无形的东西和大自然的变化用肢体语言演练勾画出来。以无为之身心做一些有益有为的事情。

---

①本章为访谈录。提问者为崔彦星先生入门弟子、美国西北大学宗教学教授、作家杨克勤先生。杨先生近些年曾多次受聘为北京大学哲学系客座教授、访问教授。

问：不同年龄的人，小孩子、中年人、老年人，练太极拳是不是有不同的练法？

崔：是的，这个问题提得很好。我们首先说这三种人群，一是老年人，一是小孩子，一是中年人，这里不再区分男人和女人了。小孩子处于生发阶段，所以以动为主，姿势较大，大开大合，步法求稳定。因为他要生长发育，舒展他的肢体，可以更好地给他生长的空间。

老年人，精力已经开始慢慢往下行了，需要以养以静为主，尽可能减少自身的损耗。但并不是说不能动。练太极拳对于老年人来说就是一种很好的运动，但与小孩子不同的是，动作以慢、柔为主，架子较高，姿势较小。

中年人，处于体力、智慧都成熟旺盛的阶段，所以要动静相间。拳架、技击、心性都可同步修炼。

问：为什么有些人是亚健康的，但是后来练出高血压，而且越练膝盖就越疼？

崔：这确实是在练太极拳的人中常出现的问题。本来身体虽说是亚健康，但是还能走路，但越练膝盖越疼。原因是重心的调整跟姿势变化不对。太极拳有很多种步法，弓步、马步、仆步、虚步、独立步、盘步，等等。每种步法中，膝关节都不能超过脚尖，如果做得过了，或者膝盖外撇，脚尖姿势不对等，肯定会导致膝盖疼。即使低架，膝关节也不应受力。若膝盖超过脚尖，那久而久之，膝关节肯定会出问题。这就是说，没做到三直中的小腿直。记得，膝不过脚尖，打靠不过膝，这些方法和口诀是在练拳行功的过程中要注意的。

至于说血压高，则是气机不通造成的。行气的过程中，身体的经脉就是多条通道，气畅通就行了。每一个丹田、每一个穴位，像一个个十字路口，汽车是可以经过的，但是不能停在那里。努气、顶气、憋气，气冲牛斗，怒上心头，都会使气血运行不畅，从而导致血压升高，主要原因是练拳时没放松，养生之道，静为首要法则。心要静，气要沉，才能放松下来。

问：太极拳是一种气功，如果练错会走火入魔吗？走火入魔是不是也要练到一定程度才有可能？像初级者是做不到的吧？

崔：所谓的走火入魔，是行气走偏。如果没有老师的指点，或者练者继续执迷不悟地往下深入，确实会走火入魔。初学者主要练外形动作，使动作熟练，但还不能做到以内带外、行功走气。因此一般不会走火入魔。

问：学太极拳能不能照着书本和光盘自学？

崔：学太极拳言传身教很重要。所谓的拜师学艺，就如同求医问药，有一定的道理。现在出版了大量关于太极拳的书籍和光盘，确实为学习太极拳提供了很多的方便，但如果以为看看书，照着光盘学，就能学好太极拳，那就错了。通过书籍和光盘，可以使我们了解一些内容、加深印象，但要是想学好，还是得有老师教。每个太极拳的姿势的好坏，会直接影响你对太极拳拳理的认识、内气的运行、拳术的实战应用。而且现在这社会，是一个虚伪浮躁的时代。如果没有定性，没有明师的指点，你很难分清什么是真、什么是假。所以说言传身教是不可少的。

比如说，一个国家的历史文化，从一些书籍上可以了解一些。但如果你能亲自经历一次，那会远远超过你从书籍中得到的理解。练太极拳就是实修的一个过程。通过实修来印证从老师、从书本那里学到的东西，才有顿悟的可能。

有没有自学成才的？有。很多神童几岁就上大学，但回头来还得再补上所缺的东西。张三丰也不是无师自通的，张三丰之前，远在唐朝许宣平，就有了太极拳的前身了。张三丰是集前人之所成，聚小溪汇成大河，创编了太极拳。

问：太极拳是内家拳。难道少林拳不是内家拳？内家、外家两者可以相通吗？

崔：所谓的内家拳和外家拳之分，内以太极著称，而外以少林著称。有的人说：少林拳是佛家的，佛家是从印度传到中国的，俗称叫外家；太极拳是武当的，是道教的，本土叫内家。这种说法太片面。

内家拳所注重的是内在经脉气血的通畅，从内向外透露着一种美、一种健康、一种和谐、一种气场，一种恬淡虚无的境界；而外家拳则注重肢体的动作。简单地说，内家和外家的入手点是不一样的，所以说内练一口气，外练筋骨皮。外家是以命为主，内家是以性为主。这跟佛家、道家没有太大关系。

两者是融通的，就像上嘴唇和下嘴唇是不能分开的。所以内外相合，有内必有外，有外必有内。练拳在人不在拳，不论学习什么拳都可以。但太极拳的妙处就在于能让你在最短的时间和有限的空间里，达到较高的境界。

问：太极拳看似软绵绵的，打得过少林功夫吗？

崔：武术输赢在人而不在拳。有的人练了多年的拳，连人家不练拳的也打不过，这可能说明这人的心性不够快或者不够狠。在真正交战的过程中，必须从心性上又狠又快又猛又准，武术的要求就是这样。

太极拳之所以这么柔、这么绵，就像中国的一位贤者老子说的“柔弱胜刚强”。婴儿出生其柔也，其死也僵也，小草出生其坚也，其死也枯也。小孩子一生下来一团肉，肢体非常柔软，到老的时候死的时候就变得僵硬；春天小草刚发芽的时候，生命力是很顽强的，你坐在草地上那草尖能扎屁股，到了冬天以后冰霜一打就全蔫了。这都说明了柔弱的力量。为什么太极拳看上去这么软？就是以重调息养气为主，注重周身的气血经脉的畅通，以呼吸导引带动肢体做缓慢而有氧的运动，达到身心的健康。身心的健康使肢体强壮，才有资本与对方战斗。所以说太极拳是极柔而后极刚，极刚而后极柔，就像天地的运转自然而然，不露声色。

中国文化的包容性在太极拳里表现得最为深刻透彻。太极拳大到无外小到无内，无所不包容。就是因为太极拳的招数太狠太快太毒，招招置人于死地，所以才用柔弱的外形把它遮盖起来。也正由于这一点，赵堡太极拳的传授历来非常谨慎。授拳者一定要选择品德高尚、有正气的人修行。如果把这种技艺教给品行不端的人，会伤害多少人啊。

太极拳就像一把锋利的宝剑，一出鞘就要伤人，削铁如泥。所以说用个破布呀、烂鞘把它裹住，不让人轻易发现，如果别人知道一个稀世宝剑削铁如泥，大家都要抢这个宝贝，就会有人受伤。

问：不练推手能练好太极拳吗？

崔：不练推手一样可以把拳练好，但对拳理的体会运用要差一些。练拳是体，推手是用。没有推手的体会，难以把太极拳练到更高的境界。如同书法，你可以把不认识的字也写得很好，但在表现字的神韵方面就会差一些。

每个人学拳的目的不一样。有的人练拳是为了健康，有的人就是为了打架。我师爷郑悟清先生，年轻时得了童子痨，奄奄一息，卧床不起。他学太极拳的目的不是想跟谁打架，没想跟谁推手，想的就是怎么能活命。他最初没有意识要去练推手。我师爷是一个会计，从小去私塾，后来当学徒做生意。以前识字的人不多，所以和庆喜先生怜惜他教他太极拳，学了不久，就能下床了，从此一发不可收拾。你说这个时候，不让他练就要他的命了。他就是属于那种在大病中学太极拳的人。太极拳重在修行，气为延年药，有气则生，无气则亡。

问：身体不好，甚至有残疾的人，可不可以练太极拳？如果练的话要注意哪些事情？

崔：当然可以。在你身体极其虚弱的情况下，就不要去练。当你特别疲劳的时候，特别瞌睡，那时候要先睡觉，不要强练。很多身体不好的人，像刚才提到的郑悟清师爷，就是身体不好才开始练的。身体不好最明显的就是严重缺气，少气无力。

太极拳可快可慢，可刚可柔，可高可低，可大可小。所以说，老幼皆宜。随着缓慢有氧的运动，来改变肌体各部分的功能，提高身体机能和免疫力，身体会逐渐强壮起来。太极拳也不需要什么昂贵的体育器材，随时随地都可以去练。所以太极拳是最适合亚健康和身体不好的人练的。

至于残疾人，我们可以理解为四肢不全的。高僧大德，他腿都不要了，有腿他叫没腿，他把腿盘住，还是可以练。高僧大德往这儿一盘，两腿没了，会阴为地户，百会为天户。把两条腿盘在里面，他光要这个躯体了。你想能练不能？只不过要在一个明白老师的指点下，做的方式跟常人会有所不同，比如说常人要跑，他没腿，你硬要让他跑吗？这个时候更注重的是一些静功的修炼了，比如说站桩就属于静功。套路、推手，都属于动功。

在练的过程中，身体有残疾的，或者是刚开始学拳的，首先，一定要找一个比较明白道理的老师，不需要多有名气。现在有很多师傅是老王卖瓜，自卖自夸，但并不一定明白太极拳的道理。其次，方法要正确，这个非常重要。就像练书法、绘画一样，先要方法正确，至于你会画到什么境界，以后可以逐步提高。

问：谈谈学太极拳的武德。

崔：老幼不欺，心存善念，这是最基本的要求。早期选择太极拳传人都非常重视武德，如王宗岳叮嘱蒋发一定要传给品德好的人，如果没有的话，可以不传，有的话可以多传。蒋发严遵师训，经过长时间观察，才把太极拳传给本镇人邢喜槐。而从学习太极拳的角度来说，武德好的人，才能学好太极拳，达到比较高的境界。因为武德好的人一般多替人着想，比较能够放空自己，而这与太极拳的拳理是一致的。

问：在理论上，是否弱者、病者学拳比健康人还要快？

崔：因人而异。一个人在身体极端虚弱的情况下，往往对外在的磁场、气场感受较强，学拳的时候比较容易有效果。就像这一个坑，本身地势低，下了雨都往这里聚。像那个《倚天屠龙记》中的张无忌，确实他身体特别不好，小的时候被人下毒了，快死的时候张三丰给他调治，后来他就练成了很高的功夫。但不是每个人得病都能成大福大显，那也是需要机缘的。而健康的人对动作的变化适应能力较强，有些人上功也很快。

很多事不能刻意强求。不能说为了减肥，去偷人家的东西而进看守所来控制饮食，你不能为了得到这而失去那。我们都属常人，每一个先人、大师都是常人，我们不能断臂求法。十分强健的人，他会做一些过头的事儿，十分虚弱的人，他不得为而为之。所以说，各有其道。

问：在什么样的情况下不宜练拳？

崔：在练功的过程中，我们通常说，风不练雨练，就是神仙也怕脑后风啊，狂风骤雨就免了吧，避风如避箭。在雾霾的天气，电闪雷鸣的地方一定要避免。

雾不练雪练。有雾霾的时候，空气很不好，这个时候尽量减少室外活动。下雪天把脏东西凝聚在一起了，所以下雪天可以练。我是比较喜欢下雪天练拳的。

总之，要选择空气清新、环境优雅的地方去练功，穿着要舒服宽松。垃圾堆旁，厕所里，噪音、污染很大的地方，比如说工厂里，或者是在一些辐射、地铁旁边、高压电辐射比较强的地方，等等，都不适合练拳。就像我们生活的条件一样，尽可能选择各方面环境比较好的。

人家说大喜大悲莫练拳，我个人认为这是不对的。拳是“全”，我现在已经把拳融到生命中了，高兴的时候打拳是一种愉悦、一种享受，平静的时候打拳是一种雅兴、舒服，不高兴、烦躁的时候打拳是一种发泄。

刚吃过饭可以缓步而行，放松、悠闲自在地去做，比散步还慢。刚吃饱饭就去蹦跳不合适，肯定不好。

问：喝了酒可以练拳吗?

崔：喝酒是否影响练功很难一概而论，比如说我喝二两酒很舒服，一样可以练拳，喝两三杯能帮助我行气活血，帮助我活动。但是喝二斤的话，直接趴那算了，还练什么拳。

酒也是好东西。酒为万药之源，故说药酒药酒，其实药酒也为外丹。当身体特别累的时候，适当抿一口酒，可以缓解疲劳。以前我在中医研究院进修的时候，听孟老孟昭义先生说过，他在很多国家讲学的时候，如在英国、法国，就要在房间里放一瓶高度白酒。出门的时候，空气不好，喝一小口酒，就可以把周围的空气滤化。孟老快九十了。再一个，他睡觉的时候要放一瓶白兰地或者白酒在床头。如果有心脏病、心脑血管疾病的病人，可以延长抢救的时间。心脏不好，喝进去，舒张毛孔，促进血液循环。按照孟老说的，最少有一刻钟到二十分钟的时间，那是救命的时间啊，但是若要喝二斤，那是找死。

问：一天里哪一段时间练拳最好，在怎样的场地，在家可以练拳吗？在办公室可以练拳吗?

崔：这是现代社会，21 世纪，工作侵入家庭。连工作都能侵入你家庭了，你想还有什么进入不了的。学太极拳是为了自己，有了自身，自身是个最小的家，有了你的家人的家，才有了国家，一个国家是由若干个小家庭组成的，这是三个家。那么我们自身的修炼就是要修好自身，这个家里面有五脏六腑，有手有脚有腿，眼耳鼻舌身意，你都要照顾好。自己身体好了，才能照顾好亲人和朋友。

我们说一日之计在于晨，早晨太阳升起的时候，也就是说，八九点钟的太阳，那个朝气可以滋生万物。一草一木如果没有太阳照，是长不了的，人和动物也是一样的。早上和晚上，是现代人练拳比较合适的两个时段。因为早上起早点，可以活动活动，然后吃点东西去上班。晚上下班后睡觉前，活动一个小时、半个小时，这样就不影响正常的生活和工作。

传统子午功的说法，现在的上班族很难做到。如果说有那样的条件，中午的时候，你练一会儿，当然更好。半夜，12 点之时，11：30 到凌晨 1 点，这段时间你练功当然也好。其实有时候晚上练功感觉比早上还要好。总之，要根据自己的时间。一般来说，一次练功不要超过两个小时，一个小时合宜。两个小时，时间太长了，也会累的。

睡醒之后做一些导引吐纳，打几遍拳，吃早餐。晚上睡觉前，不要练太多，练太多会兴奋导致睡不着。睡觉前打个几遍是可以的。

我们养生，要有适当的运动、充足的休息、合理的饮食、健康的身心，这是最理想的。

问：用餐前后呢，要隔多少时间？

崔：餐前饭后半个小时以后，再去活动，再去练拳较好。

问：背口诀有助于更好地练拳吗？

崔：背口诀能帮助学拳者明白拳法拳理。除了明理和坚持，明师指点很重要。一个人知道的和感悟的都很多，但很散，不知道重点在哪里。经过师父点明之后，可以使你有意识地往重点的地方修行。

问：练太极拳跟练气功有什么分别呢？

崔：太极拳就是武术和气功的高级结合。首先，要明白什么是气功。练武也是练气。什么是气？什么是功？

气，分先天之气和后天之气。先天之气就是得父母之精血，天地万物精灵，生化成人形，与生俱来的东西叫先天之气。人出生之后，哇哇一声，心肺功能打开了，吃着五谷杂粮，五脏之气，全是后天之气。

什么是功？炒菜炒得好，那也是功夫。日积月累就是功。你三天打鱼，两天晒网，那肯定不行。气功就是花费了一定的时间、一定的日子，来养气，养精蓄锐。我们通俗地说功夫，就是通过一定的方式、方法来锻炼，比如导引和太极拳等。练太极拳的动作，做八段锦的导引，通过一段时间的修炼，来增加五脏六腑、肢体的强健。随着五脏六腑、肢体的强健，你的元气自然就足了。所以，精足就气大，气大形整，形整就神足。练功就是这样，我们借着万物、天地日月这些精气来增加自身的气场。自身的气场强了，别人身体弱的时候，你才能通过心神意识把这些五脏六腑的精微之气运输给他们。

气我们知道了，功也知道了，日积月累，通过一定的修行，增加自己的身体强壮度，通过你的精神意识发放出来，这就是气功。

问：是不是有一些呼吸法可以学呢？

崔：当然可以。人活一口气，树活一层皮。呼吸法就是调息法。可以说有五调，如意守涌泉的调息法、意守会阴的调息法、意守肚脐（神阙）的调息法、意守膻中（中丹田）的调息法、意守百会（上丹田）的调息法。

问：练太极拳有哪些不同的阶段？

崔：这些在写书的过程中已论述了，太极拳学习大概分为四个阶段。刚开始就是要端正姿势、明白方向，去拙。去拙就是把僵硬的东西放下，使身体柔和，这是第一。有了端正的姿势，第二阶段再求肢体的严谨性、动作的细节，对身体各部位的要求，明三节，齐四梢，求六合，动作更规范。

然后第三步要达到手眼身法步的一致。呆若木鸡也不行，要求眼观六路，耳听八方。第三个阶段，由外形带动内在的呼吸，心静气沉，松转圆活，慢慢从外到内，对每个动作的应用法理有深入的理解，慢慢就懂劲、就懂得呼吸了。

到第四个阶段，动作熟练，已经不再考虑动作，由着熟而妙自生，以武演道，以内丹带转全身，以身心演化天地万物变化之理。

问：练拳的时候懂劲是什么样的感觉？

崔：这个时候的懂劲，劲是指自身的内劲，都在气里面所包含。这个下一步要谈，就是劲、力、气这三个有什么不同？懂劲，是懂气，要听气，明白这个气，如一阵微风吹过，你要能给它柔化了，这个时候你就懂劲了。一阵狂风吹过，那个树枝要打到脸上，你本能地绕过去，这就叫懂劲。对方要撞着你了，一闪身躲开，这也叫懂劲。

懂劲，先是要懂自己，先听自身之气。就是先求自己肢体的灵活、内外的统一，然后你才能协调一致。一看对方这小伙子骑车撞过来，你一闪，过去了，这就叫懂劲。对方拿个东西想告诉你什么，你说你别说了，我知道了，这就叫懂劲。他想说什么，你懂。很多的时候，我们是靠一种感觉，靠一种灵气。

问：明三节，齐四梢，是什么？

崔：三节是上节、中节、下节。中丹田以上是上节，中丹田至下丹田这一块是中节，下面的是下节。通常我们是这样定量的。但练拳的时候，要明三节，这个三节指的是，上三节是胳膊的动作，下三节主要是腿的那几个动作。但是明三节在盘拳架过程中，主要是指颈要直，身要直，小腿要直。我们也可以具体地说，正头领气，就是颈要直，这是上节要直。中节要直，就是腰要拔直，脊柱要拔直。下节要直，就是小腿要直，小腿直了，膝关节就不会出问题。很多人练拳膝关节出问题，就是没做到明三节。

四梢是指什么呢？齿为骨梢，发为血梢，舌为肉梢，甲为筋梢。每一个姿势定势的时候，你从内向外透露着一种气场，往外冲的。就是说，像气球的饱满和充实，灌满水一样，发欲冲冠。你看，两个狗在咬架的时候，毛就竖起来了。你一个动作定势之后，劳宫穴向外一凸，气场仿佛出了十万八千里之远，就是那种感觉。

问：气充满舌头是什么样的感觉？

崔：舌欲摧齿。这已经触及在炼丹的运行过程中出现的一些现象。齐四梢，就是说，你这一口气，吸到上丹田的时候，气就能到毛发梢，这个时候，往下走的时候，舌欲摧齿，齿欲断骨。这就是精气神充足的一种表现。

问：什么是不流水？

崔：不流水就是抑扬顿挫，有节奏。这个动作还没完成，就走下个动作，或这个意念还没收静下来，你马上走下一个动作了，这就谓之流水。就像你写连笔字连的一塌糊涂，连笔字也有个顿，是不是？你看那狂草再草它也有个顿，所以说每一个拳架姿势之间，会有一个承上启下的衔接，劲断意不断，藕断丝相连。

问：所以说不能顿太久？

崔：不能断，也不能一直连着。

问：不能平均地连，也不能断，是吧？

崔：太连了就叫流水，要做到不流水，也要做到不撇不停。撇就是这边动了那边不动，停就是停顿、不连贯之意。周身的动作肢体和内在的呼吸动作没有做到协调一致，这就是断，这就是停。太极拳讲究的是一个整体整齐。所以说要把肢体和内在的呼吸、意识全部都揉在一起，练到形神兼备，精气神兼而有之，这样才妙。

问：所以打拳太快也不行？

崔：可快但不能乱，快并不见得就流水。慢不能滞，太慢了就停了。慢不滞，快不乱；大要紧凑，小要舒展。

问：什么是耍拳，是在什么阶段时才要注意的？耍拳是怎么一回事？

崔：所谓的耍，就是如同小孩子玩耍。练拳的时候耍拳能让你熟能生巧，巧能生华，华而虚无，进入一种自然而然的状态，但不要刻意而为之。所以在着数渐入佳境的基础上才能达到耍拳，如果一开始就耍那不行。所谓有意似无意，无意练真功。似耍非耍，小孩子玩耍的时候也有他玩耍的本意。你去哪儿耍，本身就是有目标的。我们耍拳就是要通过自己的作为、修行，逐步达到人与自然的同步。

问：所以耍拳的目标是想进入一种忘我的境界？

崔：对，其实就是无欲则刚，从开始学拳有意识地做动作、想用法，然后逐步到无意识的阶段，无意也无无意就是无本意，就不再考虑附带的意念。不想那么多，先得让自己空，然后这个时候你再求一些我们说的先天本意，就是似有意若无意，似有若无的那点灵光、那点灵感，从这中间去感悟，天地人自然、人与社会自然怎么去同步。

问：什么是静心，如何学习修炼？

崔：静心，按照老师的说法，练拳要达到四 jìng，哪四个？要先做到敬，敬天、敬地、敬人、敬自己、敬师父、敬长辈、敬师兄弟、敬父母。做到了这个“敬”，你才做到了表里如一，尊敬别人就是尊敬自己。然后要做到安静。所谓的安静，就是环境、身心没有太多的欲望、杂念、意念，我们就可以说“静”了。主要指心要静。那么安静之后，你要达到本心，干净的净。就像禅宗说的，本来无一物，何处染尘埃，安静的静就像这个，像神秀说的时时常拂拭，勿使染尘埃，这是安静的静；干净的净是本来无一物，何处染尘埃。安静的静是有争的，干净的净是不争的。

所以说，从安静到干净是一步一步进取，逐步达到人与自然、人与天地和谐的一种心性。天地之所以永存，就是因为它不争，人若要达到与天地齐寿，那你要向天地学习！逐步通过自身心性的修炼，达到与天人合一的境界。

境界的境是第四个 jìng，即在修炼太极拳的过程中怎么来安静的境界。所以我们说虚其心、实其腹，放松自身，排除杂念，净其身。那么按照老师要求，你们往这儿一站，叫闭守三关，眼睛对外边的事物视而不见，耳朵对外边的事物听而不闻，嘴巴做到似闭不闭、似张不张。这就是外三关。对外在的环境、声音和你看得见的，你就稳住心神，你看得见的会扰乱你的心，眼为心之苗，耳朵听到的东西会扰乱你的心神，都会对你的意识有所影响。

我们说身心的安静，能促进灵魂的安宁，逐步达到定。静，就是不要有杂念。所以心无杂念就为定，就为安静。比如说你睡不着觉，心乱，我们可用若干的方法，如内观呼吸，比如说练书法，让心静下来。通过站桩，先让自己逐步达到心神安宁，然后再慢慢去体会太极拳的动作和招式。

问：练太极拳之前，要不要做一些热身运动？

崔：做些运动当然好啊，活动活动关节。就像我们开个汽车还要预热一下，尤其是天太冷的时候，夏天还好一点。

问：练拳时是不是一定要从站桩开始？

崔：练拳时从站桩开始很好，但也不是非得先站桩后练拳。就是说，有个简单的关节活动，尤其是踝关节、膝关节、腰、带脉的一周，然后肩、肘、手腕，简单活动之后，会便于你在行功走架的过程中，气血更加通畅。因为人体的关节是最容易滞留气血的地方。颈椎病、肩周炎、腰腿痛，大多是关节的问题。我们在练拳之前，就要活动活动，扭扭膝关节、腰关节。活动之后再去练拳会更好，达到事半功倍的效果。

问：收功的时候，如果收得不好，是不是会不舒服？

崔：会的。我们做人要有始有终，有好的开始，也要有好的结束。你如果要做一件工艺品，开头开得很好，最后快结束了你给它弄坏了，那它就是一个次品。练拳也是这样。一个好的开始，一个好的结束，中间加上一个精彩的表演，那就称得上完美。所以收功、起势都是应该注意的。也就是在整个修炼的过程中，始终要保持守气若一、凝神注目、呼吸自然。

问：如何判断一个人练拳的好坏？

崔：我们看一个人练拳的好坏，第一，观其形，观他的形态，是不是形神兼备，是不是整劲儿，就看他出手，是不是手眼身法步一致，动作是不是随着气息很整合。是不是有断续，有凹凸，那都不行。首观其形，看他的形态、动作是不是够流畅、整齐划一。

二要看他内在的表现，从他的眼神流露出什么东西。从他眼神流露来看他的心性是不是定，能不能沉住气、守住神，能不能放松身心、淡泊名利。从精气神观察他。

三是看他是否明其理，是不是一个明白道理的人，这个很重要。若不明其理，就如听老王卖瓜，自卖自夸。听他说他的瓜甜就买他的西瓜，看着瓜挺圆的，买回来不能吃，是酸的。

学拳要学会辨别。如同生活，只看好的，不要看坏的。一看坏东西，会脏了你的眼睛。下象棋时，老是跟你水平低的人下，你自己水平也就不行了。所以说，我们要常和品德高尚的人在一起，谈天论道，自己也在无形中升华了。

老是跟那些土匪、强盗、小偷在一起，时间一长你自己也变了，这就是近朱者赤、近墨者黑的道理。

问：那些道德高尚的人学太极拳，是不是越练越简化?

崔：这叫大智若愚、大道至简，不是说真的呆若木鸡，这种简化的“呆若木鸡”是很灵的。功夫要经过长期不懈的锻炼。其实平常你不觉得，但当老师说了，你就天天练。练什么呢？就那几十个动作，但越练越神。

问：男的跟女的练拳，是不是有不同的注意事项?

崔：是的。通常我们说，女功要比男功快。女人在家里是主内的，男人是主外的，家里做饭什么的，好多都是女人做的，男人五大三粗做不好，但是，不少大厨大裁缝是男的。男人的定性和他的专一性可能比女人更强一些，女人天生的柔性和包容性比男人强，所以女人在最初上功时要比男人快。当然我们说功夫练得好不好，不在于某一个人，就是看你自己能否真正持之以恒地去修进、顿悟。

女的要注意什么呢？女人先以求形为主，要肢体流畅，手脚动作协调一致，求动作的整齐性，其实男的也应该如此。再一个，我们从养生上来说，女人是以养血为主，男人以养气为主。女人特有的生理周期对她有损耗，她的生发也会快一点，这是女人的特点。所以说，女人以养血为主，生活中多吃一些大枣、阿胶、枸杞。手脚冰冷或者痛经的女人，练拳时可把手放到中丹田的高度；血压低的时候，放到上丹田的高度，手高一点。这是有区别的，要根据每个人的体质而练拳。例如一个人牙疼了，三焦上火了，这个时候应该守涌泉，就不能守会阴和上丹田。涌泉属于肾水，水能降火。心火下降之后，水就会自然往上升，把上面的火浇灭了。如果这个时候让他守会阴，或者守下丹田，会阴本身属火，属于先天一窍，这个时候它会反冲得你更不舒服。

男人以养精、养气为主。从阴阳来说，男为阳，女为阴，阴主生发，阳主宣泄。

问：怎么理解松和领?

崔：有些人放松就丢了，松不是丢，也不是顶。就说这个毛巾，我一放松它就塌下去，但领起来，似立非立，这个叫领。有一些人说，尽量放松尽量放松，但我再松就坐在地上了，这是错误的松。

领是指梢节要领。何为梢节？毛孔就是梢节，头发也是梢节，手指尖也是梢节，脚趾头也是。我们说又要领、又要松，还不能顶，何解？要守。气沉丹田，含胸拔背，还需要虚领顶劲。气沉丹田，不是蹲下去，而是神气要领。头颅若一线相悬，如以前读书人怕瞌睡头悬梁锥刺股，又如以前清朝人拽着辫子放到梁上，这都是在瞌睡的时候刺激百会。百会是上丹田，上丹田为藏神之所，一刺激精气神就来了，就不瞌睡了。练拳的时候其实也是一样，要想拳架姿势流畅，上面要领起来，下面要松下去。下面气要沉，通过气沉要把每个骨节、关节和每个脊柱拔伸，往下伸，往下松坠，上丹田神气往上领，要舒展。

问：上丹田神气往上领，怎么领？气怎么感觉？

崔：气要下沉，神内敛。舒领而不能紧绷，就比如说这一张纸放在这儿，你既不能让它掉下，又不能让它卷曲，这就叫领。一塌下去就不行了。所以在你们练的过程中，老师编一个小柳圈放在你们头顶，就是怕你们低头哈腰，俗话说“低头哈腰，学艺不高”。

问：打拳的时候脚趾一直抓地吗？

崔：趾欲抓地。抓地的时候其实是在进攻的时候、动态的时候。平常定势的时候其实是舒展贴地的，气一下沉，两脚往那一放松，就是要入地三分的那种感觉。

问：太极拳既然是内家拳，需要专门练静功吗？

崔：太极拳是一个移动的桩功。每一个招数，比如说懒扎衣就可以站一个桩，一个单鞭就可以放松地去站桩，一个斜行也可以去站桩。所以说太极拳的运动过程就是一个桩功的移动过程、一个骨节延伸的过程，也是一个呼吸导引的过程。

如果你有充足的时间，单独去做一些静功，未尝不可。其实练拳就可以得到静功。所以说，太极拳就是能静能动的修行。每一个姿势就是一个桩功。比如说我们在这儿谈天，也是静功。外形安静，脑子在转圈、在说话、在思考问题，内动而外静，这也是一种静中有动的表现。

问：太极拳的放松标准有哪些？

崔：太极拳的放松标准包括骨架的下沉力、肌肉的松坠力、关节的开合力、神经的拉伸力、内气的凝聚力、表情的舒张力、气血的旺盛力和意识的专一力。

问：什么叫学拳的境界？

崔：学习太极拳的境界跟学拳的目的有密切的关系，但又不完全相同。大致说来，有的人学拳是为了掌握一种武术，以技击为目的；有的人为了健身，以养生为目的。这两种情况是比较多见的。还有的人，把学习太极拳跟修行联系在一起，把太极拳看作是道的体现，学习太极拳就是一种修行。这是比较少见的。三种不同的目的，就会形成三种不同的境界。前两种是比较基本的，后一种是比较高的境界。但有的人虽然开始以技击、养生为目的，但在学习的过程中，也会体验、达到高的境界。而道的境界，其实就是简单的生活。

问：打拳的时候，眼睛看哪里比较好？

崔：我们说有形的世界，无形的空间。有形的物质，无形的欲望，欲望你看不见。那么眼睛呢，它会透露出你的欲望、你的意识，因为眼为心之苗，从一个人眼睛里可以看到人心是定还是不定、是静还是不静。一个人在练拳的时候、在练功的过程中，若眼睛总是看着手，但你的手到这边，背后一棍子敲过来，你晕了，所以说，不能眼总看着手，就像在电脑前敲键盘，你不用看键盘。小学刚写字的时候要看着米字格，横竖撇捺，那是在学习的过程中，开始可以这样，眼看着手，但那只是起步。练武术的人要做到眼观六路、耳听八方。从我们心性修炼上来说，是要无意识，也无无意识，无明也无无明，就是忘记眼耳鼻舌身意，照见五蕴皆空。不管是从心性上修炼，还是从武术的角度来说，都不能看着这个手去做。眼注前方，眼观六路，哪六路啊？

耳朵要听、眼睛要看、脑后要有感觉、脚下要有听劲、头发梢要有感觉，就是前后左右上下，也就是以你六识的东西来感觉，不是以你的五官来感觉。眼为日月，通过日月两边，来洞视左右，这不叫看，叫左顾右盼中定。

问：拳架跟推手的关系是怎么样的？只练拳架不练推手，能不能也练成太极神功？

崔：这个问题也要分几个方面来说，什么是神功，就是达到比较高的境界？功夫，是指多方面的。你能炒好菜，是功夫。你一口气能走五里地，那也是功夫。雕刻一件作品雕得特别好，也是功夫。在不同的环境、不同的岗位，都会显出不同的功夫。技艺大比赛，那都是要功夫的。那么太极拳和推手怎么来理解呢？都是拳（全）之中的，拳（全）里边的东西。

推手是近了叫推手，远了叫散手，是验证你拳架知识的一种方式和方法，体验脑神经与四肢配合的一种手段，体验虚到实、实转虚的路径，也是重力与速度的体验。就像学生经过一段时间的学习，用期中考试来验证学得怎么样。所以说推手不是终极目的。很多练太极拳的就说，你会不会推手，咱俩推推手，推什么手啊，很可笑，他就不懂得什么叫推手。推手是推敲琢磨是退还是守，推手是全身都可并用的。不像有些人，推手就只是两只手与对方两手划圈，腿不能用。这我们以后（下本书）再叙。

问：意守丹田和守气是什么关系？

崔：意守丹田叫气存丹田。气存丹田和守气不是一回事。在行功走架的过程中，在定势的时候，气要松存下来，气存到下丹田。对于上、中、下三个丹田来说，下丹田为聚精之府，中丹田为藏气之府，上丹田为藏神之所。气存丹田就要存到下丹田，而不是上丹田。在运气的过程中，它会从下丹田通过中丹田，经过上丹田而又回到下丹田。也就是任督一通，丹田自转。气存丹田，往往是指通过你的口鼻呼吸带动肢体来达到内外一致，使气沉到丹田，是指后天的气。

那么守气呢？我们说是守住先天一气。谈到这个问题，涉及面比较广。首先气指什么气？通常我们说，是你的口鼻呼吸的一个气，这是外在的气。还有一个就是我们先天具有的元气。守气是守先天一气。但是在运动的过程中，往往是先天之气和后天之气同步存在。我们练功就是通过后天的努力来弥补先天的损耗，是要逐渐做到守住先天一气。

问：气沉丹田的时候是不是要卷尾闾？

崔：首先要了解，尾闾其实就是人的尾巴根，在中医的解剖图上指长强穴。在气沉丹田的时候，姿势往下一沉，尾闾自然地保持一个平衡，尾巴骨节就会松开。气沉丹田的时候，骨节往下松开，是为了保持平衡，所以说它叫尾闾中正，就是尾巴往下垂，而不是卷。

问：意守丹田是用逆腹式呼吸吗？

崔：意守丹田就是气存丹田。气存丹田跟意守丹田不完全一样。因为你呼出的是后天之浊气，口吐出的是一种五脏六腑的浊气。但是里面的精微之气是往下沉的，聚气存精，清气上升化为神。

任意做一个深呼吸，就会分天、地、人三界，每一口气都不是单一的。通过练功的过程，这一个呼吸，吸的是这个一草一木、万物的精微之气，把外面的气都吸到自己体内，归己所有。吐的时候气存丹田，定势之后，然后向外吐出。

问：打拳的时候，到底是要守一、还是守丹田、还是守中？

崔：就像你熬粥的时候，你是需要加大米还是加小米，还是加绿豆黄豆？你可以把这几种混在一起，煮成八宝粥。一口气贯穿了人的意念、心神、意识。我们说，先天一气，是就元气来讲的。守一是守中，也就是守元气、元意。有了元气在身，守这个东西。这个东西它不是单一的，它在人体的经脉动静过程中，流转流动，是一个动态的东西。

问：意守丹田，是守比较固定的三个位置？

崔：何止三个啊？周身处处皆丹田，周身无处不丹田。行气如九曲珠，无微不到。每一个毛孔就是一个丹田。

道家在打坐的时候，把双腿盘住，两个脚心朝上，两个手心朝上。那么三花聚顶，五气朝阳。三花就是指精气神，元精、元气、元神；五气可以说成五脏、五官感觉的东西，五色的世界。会阴为地户，百会为天户。你要是守着丹田，这就是指下丹田，在肚脐眼与命门之间。中丹田在两乳之间。

问：一般说的意守丹田是指的守下丹田吗？

崔：气存丹田跟意守丹田是不一样的。一字之差，所指的就有很大的出入。守住上丹田、中丹田、下丹田，都是意守丹田。丹田的运转，很明显，是要气存下来，即气存丹田。我们说太极拳有沉鱼落雁之美，整个心都要沉下来，这是气沉丹田。

问：我们导引吐纳，都是通过调整呼吸来达到健康长寿的目的。什么是三调？

崔：三调即调形、调心、调息。三调之重在于调息。形是指身体这个形状、这个状态，有形的东西，也就是命理。命，就是肉身。心，指心性、理性的东西，也包含了意识。息，就指呼吸。呼吸有快有慢，有深有浅。

调息又分为五调，前面已经说过。比如说三高状态的人、糖尿病人都可以让他意守涌泉。手脚冰凉、气息短的人，可以让他守住上丹田。

问：为什么手脚冰凉要守上丹田？

崔：一意守上面，吸气就快起来了，加速了血液的运行，带动经脉的运行。意守上丹田就感到精神了，手慢慢就会热。

问：练气功不是练气吗？怎么养血呢？

崔：气为血之帅，血为气之母。气，往往伴随着血，不是单一而行的，就好比有时候我们看到开水管的时候是先听到“噗嗤”声，然后再哗哗流水。所以说，气在血之头。气带血行，血推气行。气蕴藏于血之中。

问：练太极拳的时候，是以养气为主吗？是通过养气来养血，还是通过养血来养气？

崔：太极拳是以养气为主，这个气能推动血的循环，血流量旺盛，会改善人体机能的功能。所以说，养气，内练一口气。你呼吸的精微之气，除了有清气、浊气之外，你的胸前就是一团和气，就是饱和状态的一团和气，这气是我们日常生活中所运用的一种中气。这里探讨的是比较深层的东西了。比如说，我们每一个毛孔，就是一个呼吸的气眼，所以说发为血梢，毛孔为气梢。

问：自动与自然的分别？

崔：自动是通过自重，即通过利用在地球上人体自身的重量，去驱动一些动作的运行。具体地去解释很多的细节，物理方面会牵涉到很多。通过自重达到自动，准确地说是用最小的力，驱动全身各处整体和谐地动，感觉上好像是周身肢体胳膊腿都是自动在走。只有做到柔顺、轻灵、圆滑才能逐步达到自然，才能逐步达到自然协调一致。

自动还不算自然。如果我们有一个水泵，喷水机在喷水，你感觉它是在自然状态吗？它也是在自动喷的，但不是自然的，它是通过外力的。我们通过自己的心神意念，能逐步达到不用心神意念就与自然和谐一致，就是自然了。

问：自然呼吸跟呼吸自然的分别？

崔：自然呼吸是无意的，刚开始练拳的时候最好只要求自然呼吸，要求注重动作，不需刻意注意呼吸。呼吸自然是通过意识调整呼吸，使之与动作达到协调一致，当动作熟练之后，才能做到呼吸自然。

玖 学生学拳经历与体悟

练赵堡太极拳的心得

我从2006年4月份开始跟随崔彦星老师练习赵堡太极拳以来，坚持每周到公园练拳一次，一直持续到2009年。后来，由于我工作实在太忙，去公园练拳就少了。坐下来静静地思考一下，回顾那段学拳的经历，感受很深，收获也很大。在没有接触赵堡太极拳之前，自己总觉得太极拳就是公园里老年人健身娱乐的体操而已，但是，通过几年的学习之后，才认识到太极拳不仅是健身的好方法，也是技击防身的好手段，是适合不同年龄段的人学习的，并且不同年龄的人学习收获也会不一样。赵堡太极拳给我体会最深的有以下四个方面。

（一）圆润顺畅

太极图是一个圆，浑然一体，阴阳之母，自身能够周而复始地阴阳变化，生生不息，永不停止。以太极图模式为核心，太极拳的运动方式和路线也成为曲线、弧线和圆线。赵堡太极拳拳架七十五式，以圆弧运动作为动作运行轨迹，式式皆为立式划圆。每当行拳走架时，感觉自己不是在练拳，而是在做一个由圆弧构成的立体雕塑，圆中有圆、圈中有圈、时大时小、连绵不断、圆润顺畅、环环相扣，好似行云流水，又如长江大河滔滔不绝。

（二）首尾相应

赵堡太极拳十分重视三节相应，从整体而言，手肘为梢节、腰腹为中节、足腿为根节；从上肢而言，手为梢节、肘为中节、肩为根节；从身体而言，胸为梢节、心为中节、丹田为根节；从下肢而言，足为梢节、膝为中节、胯为根节。古传太极拳密诀中就有："上节不明，无依无宗；中节不明，浑身自空；下节不明，自吃栽跌。"《孙子·九地》中有："故善用兵者；……击其首则尾至；击其尾则首至；击其中则首尾俱至。"由此可见，练习赵堡太极拳一定要理解三节，按照三节相照原则进行盘架和推手。

（三）中正平稳

赵堡太极拳秘诀《七疾》中说："上法需要先上身，手脚齐到方为真。"又云："不可前俯后仰，左歪右斜。进者直落，内外相合，使周身上下如一，虽进退亦不破散。"不贪不欠不仅是指自己在外形上是否失重，也就是说自己身法上是否做到中正平稳、不偏不倚，而且还是指内心的意识是否做到了不贪不欠、舍己从人。

（四）轻灵自然

"耍拳"是赵堡人练拳的特色。"耍拳"即是玩耍，是赵堡太极拳宗师体悟所得之精华，是道法自然之体现。最早出自武当赵堡太极拳第八代传人和兆元，独创"耍拳"之公式，第九代传人和庆喜著有《耍拳解》，第十代传人郑悟清对"耍拳"更有精辟的叙述。每次练拳过程中尽量做到精神与形体放松自然、朴实无华，毫无矫揉造作，轻摇之以松其肩，柔随之以活其腰。

通过练习赵堡太极拳，可以有效地提高身体素质。一方面可锻炼肌肉，舒筋活络；另一方面又能对内脏加以按摩锻炼，起到强身健体的作用。练拳时心静体松、精神集中、自然活泼、柔和中正、血气顺畅，练后使人轻轻松松，减缓压力，精神焕发。赵堡太极拳是一个优秀的拳种，但是一定要在明师的传授下才能窥其堂奥。

清华大学自动化系教授　范文慧

望拳短言

我学拳于 2004 年 5 月。与老师有缘相见相识于 4 月，在北大畅春园。太极夫如何？这之前没见过也没想过。史有杜工部《望岳》，登泰山而“一览众山小”；我望老师打太极，拳架风格独特，武艺精湛，浑厚有力，意境雄阔又波澜不惊，不由为其意境所折服。太极之造化，阴阳自分晓；荡胸之连绵，变化全在一瞬间；上下之天光，无形无象；皓月之千里，自然而然；真是令人心旷神怡。

后随老师往返北大朝阳，观览各园众馆；下十三陵，登古长城；赴温县，仰先辈（郑悟清）；思拳理，悟拳论；格物穷理，孜孜不倦；酸甜苦辣咸诸味尽尝。拳来自生活，生活亦是练拳。老师常说，拳亦是“全”，练拳容易，练“全”不易。

转瞬五载，师前渐门庭若市。兄弟们各有所长，不乏虚怀若谷、德才兼备者，厚德载物，自强不息。

我家境贫寒，从上学、练拳到工作，北漂十年，除了对拳有点感悟之外，其他一无是处。老父亲住院做了两次手术，都未能回家伺候床前；空叹不孝，奈何自古忠孝不能两全！时运不济，几经思考，终决意离京创业。

望兄弟们再接再厉，挂云帆、乘长风，为太极的事业发展和全民健身运动而贡献一份力量。人情世故，今犹在，古今多少事？是非成败，土一丘，举杯论英雄！

景玄拜上

2014 年 6 月 13 日

背丝扣

我体会最深的是赵堡太极拳的“背丝扣”。

背丝扣是赵堡太极拳的不密之密。杜元化在其《太极拳正宗》中指出，“背丝扣是赵堡太极彻始彻终功夫”；张修睦在《太极拳原理和练功精要》一书中解释，背丝扣即来知德太极图。“背丝扣”即其中两条相反的螺旋线，

扣结于太极本体。大家可以看看这张银河系示意图：

丹田就像银河系的核心，是扣。手臂、腿就像是银河系的螺旋臂，是背丝。整个背丝系统有公转也有自转，是一个和谐运转处处圆通的系统。这就是道法自然、道法宇宙。这就是最符合宇宙运转规律的运动方式，没有任何多余与不圆润。这个背丝扣，不是“顺缠”“逆缠”可以概括的。

背丝扣分后天背丝扣和先天背丝扣。前者以肢体带动太极本体运转，这是初层功夫；后者以本体带动肢体运转，这是中层功夫。明白了这个道理，太极拳应该不会练偏了。练拳时势势运化背丝扣，慢慢体会到节节贯通，慢慢体会到丹田变化，慢慢就处于“太极一气的状态”，这就是赵堡太极的不密之密。

国家质检总局　张国悦

我的学拳感悟

从小就曾躲在被窝中苦读金庸、梁羽生的大作。做梦都幻想自己能够成为大侠，持剑江湖快意恩仇，人到中年才知道那是个成人童话，不过梦没有断过。恰逢 2008 年北京奥运会，正有闲暇，机缘巧合碰见名师崔师，得以入门。习拳 7 年，方知自己有多么的幸运，感慨良多。

太极拳流传至今，首先要讲究的是技击。学拳不能怕挨打。崔师在教完拳架之后会适时地教弟子推手，我左手的每个手指头都曾经被大师兄仔细地调理过，使我很快地理解了沉肩坠肘的含义。这也是崔师的独特之处，从不教人花架子，拳架纠正的到位，能使功夫尽快上身。

只能技击那是功夫，而既能技击又能养生才是真功夫。崔师在教拳的时候，对每个动作、每个姿势，都不厌其烦地告诉弟子其对人体的五脏六腑的作用，如何调理五脏的功能、如何运气等，奥妙无穷。练拳其实是炼心，什么时候心炼好了，心静了，气才能安，气安了才能生神。心和脑（也就是意识）可不是一回事，只有心到了，神才会到，神到了才能说你的心到了。说得容易，我至今没有做到，惭愧。

所以，练拳学到真功夫有两个条件。一是要有一个好的老师。否则就会把人耽误了，更有甚者会影响你的健康。崔师就是一个好的老师；二是要有恒心。学拳不是儿戏，不能三心二意，要持之以恒。因为这是一个炼心的过程，会有烦的时候，遇到瓶颈的时候还会灰心。这也是人生，是对生命的一个诠释，生命会因为你而改变。它有波澜壮阔的时候，就必然有低谷，所以要有恒心。这是我学拳的体会。

北京市公联公司高级工程师　付裕

2015 年 3 月 9 日

学拳经过和感悟

我自幼体弱多病，后因病辍学，2002 年跟随父母来到北京打工。父亲那时在清华大学做楼长管理学生宿舍，因家庭困难常常得到清华学生的帮助。在我父亲管理的那栋楼里住着一个学生叫李天庆。有一天他跟我父亲说，你儿子身体弱，应该让他学学太极拳，太极拳比较养身体，正好我认识一个太极拳老师，我也在跟他学拳，他是从河南来的，跟你们一姓，也姓崔。父亲说学太极拳要交学费吧，我们现在有些困难。他说他可以跟崔老师说说，让我少交点学费。父亲说那就太好了。那天下午，父亲下班回来就问我学不学太极拳。我那时其实对武术比较感兴趣，但总感觉太极拳是公园大爷大妈练的。父亲说不管怎样，练着总会对身体有好处，我也就勉强答应了。

第二天，父亲就带着我去找师父，那时候师父在北京大学李大钊像那儿教拳。初见师父，感觉他不像是教太极拳的，因为师父身材非常魁梧。父亲说你是崔老师吧，天庆介绍我们过来的，这是我儿子。师父看了我一眼说，你的事天庆跟我说过了，你姓崔我也姓崔，咱们就是一家人，我可以免费教你孩子。父亲说那太谢谢崔老师了，并嘱咐我好好学。跟了师父一段时间，才知道那时师父也不富裕。师父说我要教你的是赵堡太极拳，全名武当赵堡太极拳，是最正宗和最古老的太极拳，然后师父把赵堡太极拳的传承和基本动作跟我说了一下，这是我初次见师父的经过。

因为我比较笨，所以拳架学的比师兄弟们慢，师父不厌其烦的一遍一遍地教。师傅说人不怕笨，就怕不学。师傅还常说，练拳是练拳，也是练全，全部的全，生活中的点点滴滴都是拳。

那时的我因为年纪小，常常跟在师父后面像个小跟班儿一样，哪里有展览、讲座，师父都会尽量带上我，包括师兄弟和师傅朋友的宴请。师父跟我说，你读书少，没上过大学，但其实社会才是一所无形的大学，处处留心皆学问，要多读书多学习，宴会上的礼仪、他人的讲座和展览上的知识，知道和学习的多就能开阔你的眼界，就像中央电视台的广告“心有多大，舞台就要多大”。这些话，无不体现出师父的良苦用心。

因为学拳，我还认识了我的小师妹，后来成了我的媳妇。网上说“防火防盗防师兄”，结果还是让我给骗到了，呵呵，玩笑。我问我媳妇，那时你怎么会看上我呢？我这个人比较笨，也没有钱。她说那时候我觉得你老实、忠厚，对师父孝敬、对师兄弟们好、谦虚，这就是我看上你的原因。

后来结婚，我自己做了点小生意，又有了孩子，生活的压力慢慢地比较大了，我练拳的时间越来越少，去公园也比较少了。但每次见师父或者偶尔和师父吃饭，师父都再三嘱咐我说，你一定要注意身体，你的本钱薄（本钱指的是身体的底子），虽然这些年通过练拳攒了些，但是还是要注意。因为我做的生意是送啤酒，每天都是大量的体力劳动。师傅还说，生活中无处不是拳，处处都是在练拳，你抱啤酒的时候不就是像在站桩吗？

在生意上有时遇到自己困惑的事，我都会去找师父，看到别人因为送一点假货都比自己辛苦一天挣得多，也看到别人投机取巧而发家，自己表面上看不起别人，嘴上说我挣我的辛苦钱，我对得起自己，但是心里还是有些小疙瘩。师父仿佛看出了我的苦恼，他对我说，小勇，你的优点就是实在、老实，清华的校训就是厚德载物，有些事你学不来，也永远不要去学，记住师父的一句话，你这辈子不要学会“聪明”，一定要保持自己的本心，永远不要变。

昨天看到微信朋友圈有人转发一篇标题为“星云大师讲解的算命”里面讲到了福气。我想说我是有福气的人，有这么好的父母，一开始生病得到清华学生的帮助，后来认识师父学拳身体好转，到因拳结识我的媳妇，拥有三个可爱的宝宝。还有那么多好的师兄弟，他们都是我的老师，我向他们学习做人、做事。

我想我也是有缘的人，能够结识太极，结缘师父，结缘所有的人，我也珍惜每个人给我的缘分和福气，以自己真诚的心对待每个人。结缘、惜缘、随缘。

最后再加一句，同门北大的杜老师常给我讲因果，我也相信因果，希望我的正直、实在、善良能够得到下一世的福气。

以上是我结缘师父的过程和学拳的经历，我只想说说我的心里话，不会写，望师父和师兄弟们改正。谢谢。

崔小勇

2014 年 8 月

拳是全的道理

2010 年因犯颈椎病，我有缘认识了崔彦星老师，因病得福。

从初（及粗）学，到 2011 年拜师认真学习；但旅居美国，仅偶尔回国，一人练拳着实不易。崔老师的教导，字字真金藏玄奥，如拳就是“全”，练拳是练一口气，太极拳是心学、修心。第一年学拳，他送我四个字——精气神和。

因为自己有基督教心学的基础，我坚持练拳，以养生为主，追求“精气神和”。一百日后，渐有体会：心清身轻内实，悟到以意领气并以形行气之妙。

崔老师是一级拳师，亦师亦友，是位真人。他常与我谈天论道，探索太极拳和基督智慧的身心灵健全之道。我们信仰不同，但有个共识：大道相通互惠，小道千歧万变。大道坦然，小道蜿蜒。宏观宇宙而能体悟天理，是智者在时间变幻中所求索的；微观人生百态而不钻牛角尖，是贤者在生命无常中所践行的。这是太极拳的博大精神。

学拳使我悟识了许多人生道理。太极拳是修心，一个通达天理的心。举个例子。“养生”是道家学养中的术语，大致有食养、药养、气养、理养、环境养等，以求达致天人合一。“灵修”是圣经中先知、祭司和智慧传统的理念，以爱来修养与神、与人、与万物的复和关系及终极关怀。养生与灵修互惠互补，其核心思想是，以武言道（太初之道），以大地的精微之气（上帝的灵风）来充满和平衡身心。用崔老师的话说，养生的灵修是：以有形之躯演无形之法，以无为之心行有为之事，性命双修而益寿延年。

太极拳重在修行，气为延年药，有气则生，无气则亡，这气是创造主使万物生长的精气。《圣经》上说："上帝嘘气成冰，宽阔之水也都凝结。他使密云盛满水气，布散电光之云。"又说："上帝用地上的尘土造人，将生气吹在他鼻孔里，他就成了有灵的活人。"人的生命源自于上帝："上帝的灵造我，全能者的气使我得生。"

对我而言，能找到像崔老师这样的明师才是福气，不然学太极拳还是医不好心灵的病痛。太极拳练精、气与神，练身体的平衡与经脉的畅通，练健康的体魄与愉悦的心灵。灵修以气息吐纳为主，上帝的灵此时以生命调理我们。而生命是朝圣的旅程，充满着惊奇与喜乐。"喜乐的心，乃是良药；忧伤的灵，使骨枯干"。太极拳灵修教我们涵养心性。

太极拳是哲学拳，也是心拳。其站桩就要达到忘生死而入定、见鬼神而不惊。圣经中的"信仰""交托""祷告""安静""守望""等候""虚心""倒空"等，与太极拳的"放松""气沉丹田""心定""忘我""中正安舒"有异曲同工之妙。

无论是太极拳还是圣经，智者都努力理解宇宙的深层奥秘，在涵养心性中接纳并尊重生命。我们学习活在虚浮、无奈与吊诡中，活在张力、矛盾与苦难中。生命虽有无常和变易，但智者在患难中顺其应变，成为蒙福的人。

太极拳就是太极全。

美国西北大学研究生院教授、北京大学访问教授　杨克勤

2015 年 2 月 19 日

学拳体悟

跟师父学拳，不知不觉地，有一年零三个月了。

最早，我只是喜欢太极的慢，觉得这适合我的性格。但对于学赵堡太极拳七十五式，却完全没有信心——我还有两年半退休，工作还比较忙；之前我学杨式二十七式太极拳，花了整整一年的时间……但小林师姐告诉我，对于师父来说，没有教不会的学生。只要真心学，两到三个月就能学完。

几经犹豫，先开始试学。直接跟着师父，果然不一样！赵堡太极拳在师父的演示和讲演下，有着不同一般的"道法自然，天人合一"的魅力。不到半个月，我就下定决心，越早越好，跟着师父体悟天人合一的自然之道！

一年下来天天不辍，拳架、技击、心性各有体悟。

习拳架

一是勿畏难，只要坚持，定能突破自我。刚开始，我左右拍脚拍不到、金鸡独立站不住、鹞子翻身转不到位，二起踢脚当然更是跳不起来，就是金刚搬拦捶的上步也是磕磕绊绊的。于是自己找了许多理由原谅自己，年龄大了、可能有脑血栓、鞋是带孔的沙滩鞋，等等。师父告诉我，这些都不是理由，只要坚持每天练，无需专门压腿、踢腿，几个月后这些动作都不成问题。也真神奇，一切如师父所言。

二是要特别重视师父每次的指导，一些看似很小的细节往往是门派秘不外传的关键。细节光听讲解不行，只有认真地多次地习练才能体会和掌握其中奥秘。

三是切忌自满。师父一步步地提新的要求，从立身中正，到七十五势全打下来，到定势的抱元合一、重心的变换、手脚的同动及其与呼吸的配合；到自重自动自然，再到中正与守一，三节明四梢齐，肩井与胯根的同动及带动作用；掌的阴阳八卦转动，足的扎根入地与轻盈挪移；气无一处凹凸、无一时断续，不撇不停不流水……一年来我一次次觉得自己不错了，又一次次发觉还差得远，最终明白了，拳无止境。更重要的是，还明白了不进则退、放弃更高追求之时，就是退步的开始！

学技击

师父设计的对打、对靠，通气血、舒经络、增内气的功效明显。推手则对于正确掌握拳架和行气十分有帮助。听劲化劲、粘黏连随、借力发力、后发先至，是太极之真谛所在。虽不可能成为技击高手，但为体悟太极真谛，我还是下决心努力认真地学习推手，只是目前程度尚浅，还没有更多的体会。

养心性

心性的自由和超越，对于我，比拳架和技击更重要。

松、静、空是师父一直强调的根本。五蕴皆空，听而不闻、视而不见，放空自己，融入自然。与天地之真气同呼吸，和谐同动。

名利如浮云，人事实渺小。心在自然，意在自然，全身放松，阴阳变换，虚实交替，蓄放有序。一步一步地，内观到了松、静、空的不同层次。每进一新的层次，方知之前的松、静、空，都还远远不够。

天地之间顽童恣肆——顽童挥舞天地乎？天地之气携挟顽童乎？——物我两忘之时，天地人自然无分。

感谢师父一年来的指导，助我初窥太极底蕴。有道是“朝闻道，夕死可矣”。吾云，既未死，自当上下求索之！

北京大学中文系、北京大学中国语言学研究中心教授　王洪君

2013 年 10 月 3 日于承泽园

我学赵堡太极拳

太极拳大概是当今中国最家喻户晓的一种功夫，每天清早，大小城市的大大小小的空地上，都能看到形形色色练习太极拳的中国人，甚至连许多外国人也是太极拳的爱好者。不过，在中国，大家所知道的多是二十四式简易太极拳，或者杨式、陈式太极拳，少数是吴式、孙式、武式太极拳，而对于赵堡太极拳，知道的人则是少之又少。我就是到 2012 年才第一次听说赵堡太极拳。学习赵堡太极拳之后，在师父指点下看了有关赵堡太极拳源流的书，了解到赵堡太极拳竟然是其他各式太极拳的源头，由于种种原因，才少为人知。十分庆幸的是，这一古老的太极拳至今仍然保持着它的传承，使我们今天能有机会去学习它。我之前曾经学过杨家老架太极拳，但跟师父崔彦星先生学习赵堡太极拳之后，却体会到了赵堡太极拳所具有的其他太极拳所无法相比的魅力。

2012 年 9 月，经师姐王洪君引见，我开始跟师父学拳。赵堡太极拳跟杨式老架太极拳招式的名称和动作都有一些类似的地方，但又不完全相同。从动作上来说，我感觉赵堡太极拳更为自然顺遂。我练杨式太极拳多年，虽然招数已经很熟，但打起拳来却不能做到十分连贯。比如搂膝拗步、云手、野马分鬃，总是一顿一顿的，而学赵堡太极拳不久，就能做到动作的大致连贯。赵堡太极拳每个动作的设计，都有技击上的理据，因此特别能够契合身体各部分的生理构造。师父教拳是很有水平的，他能够用通俗形象的语言来说明动作的细微之处。比如师父用一个人爬上墙头往外张望的动作来说明做白鹤亮翅时手与身体的配合，十分传神地把白鹤亮翅的那种轻巧劲表达了出来。有的动作经他一指点，就可以很容易地做好，比如摆莲，开始的时候胯无法放松，动作虽然做出来了，但很僵硬。师父让我们对着柳树垂下来的枝条练习，由于把关注点放在

了柳枝上，胯很容易就放松了。这样的例子很多。毫不夸张地说，到了师父这里，不用担心学不会太极拳。

学习太极拳，我觉得“看”非常重要。一是要看师父的拳。师父打的太极拳，如同行云流水一般，绵绵不绝，不管动作多么慢，都不会给人断的感觉，一招一式非常自然协调，没有丝毫别扭之处。那种味道，确实是只能意会难以言传。一边看，一边用心体会感受捕捉，然后自己练拳的时候，去寻找那种感觉。二是要看自己的拳。每个徒弟学完拳架，师父都会给录像让我们看。然后每过一段时间录一次，这是个非常好的方法。我学完后，自我感觉挺好，但一看录像，天哪，怎么做得这么难看！跟师父相比真是没法看。可见，自己的感觉跟实际是有出入的。看师父练拳，是确立标准，知道要往什么方向努力；看自己练拳，则是为了发现问题所在，及时自我纠正。三还要看别人的拳，可以是一起学拳的同门，也可以是其他太极拳师。每个人的性格不同，虽然跟着同一个师父，打出来的拳风格却各不相同。看别人的拳，可以学习别人的长处，也可以通过他们的不足来反观自己的问题。总之，通过观察师父、自己和别人的拳架，可以锻炼自己的判别能力，提高自己对拳架的认识。

“松”是师父不断强调的一点。放松似乎很简单，做到却很难。刚开始学的时候，师父就说我的肩膀不够放松，有点耸肩，但我根本感觉不到。做云手等动作的时候，要求胯要松。师父让松的时候，我就往下蹲一点，但师父却说那样不对，说“松”并不是一味下沉，而应是像海绵一样的状态。有一天我突然明白了师父说的“松”的内涵。汉语中“放松”的“松”本为“鬆”，与“紧”相对，其实就是事物之间或事物各部分之间存在空隙容许空气进入的状态。对人身体而言，如果气在各部位间运行通畅，就是师父说的像海绵一样的“松”，身体充满气，所以拳经上说：腹内松静气腾然。我们说太极拳是内家拳，练拳是养气，但同时练拳也是让身体得到放松，单有气是不行的，只有身体放松了，气才有存在的空间，才能使血脉畅通、身体强健。练拳需要全身放松，而练拳也使身体放松，放松才能体会到打拳的妙处，即师父所说“耍拳”的境界。

从开始学拳到现在已近两年，对太极拳的理解也在一点点深入。我大致做到了放松，但距离师父的境界还很遥远。师父所演练的赵堡太极拳体现了太极拳的独特的内在魅力，达到了修习太极拳的至高境界。在这一层次，突出的表现是身心的和谐自然，身体与周围世界的浑然一体，不求健身而身自健，不务竞技而技艺超人。我希望有朝一日能体会到其中的美。

北京语言大学教授　高晓虹

习拳心得

跟随师父习练赵堡太极拳已有一年多了，师父很会教拳，既严格要求又不拔苗助长，一切从学生的实际情况出发，适时予以点拨，既不会使学生产生畏难情绪而弃学，又不会让学生自由发挥而汗漫无归。就像是推手一样，不管你怎么动，都在他的掌握之中。又像刚学走路的小孩，难免七歪八斜随意乱走而南辕北辙，师父总能在你不经意的时候把你一点一点拉向正路。这也许也体现了太极拳的柔化境界。

一年多来，不敢说已经入门，但至少感觉到此门之深之广。就像蒙着眼睛走在狭窄的隧道中，左磕右碰，走着走着突然感觉到周围的障碍没有了，前后左右都摸不到边，进到了一个广阔无际的所在——瞻之在前忽焉在后，视而不见听之不闻搏之不得，而你又身处其中，这或许也是太极的妙境吧。

老子云：视而不见名曰希，听之不闻名曰夷，搏之不得名曰微。此三者不可致诘，故混而为一。其上不徼，其下不昧，绳绳兮不可名，复归于无物。是谓无状之状，无物之象，是谓惚恍。迎之不见其首，随之不见其后。执古之道，以御今之有。

这段话说得有些曲里拐弯、深奥难通，甚至不知所云，但从习练太极拳的角度来看，也许就是习拳的指南或门径。

太极拳从表面看是一种松静运动，行拳外在要求是体态安舒、持中守正，不偏不倚、不贪不欠；内在要求是澄心涤虑、松静自然、万念俱泯、一灵独觉。内在要求和外在要求是统一的。外在要求是内在要求的外化，只要内在要求做到了，外在表现一定符合外在要求；而内在要求却是很难做到的，实际上是一种心性修养，是一种心灵境界，有点像佛家的证悟，不是一朝一夕就能达到的，需要长期的、艰苦的修习才可能有所感悟。刚才说到行拳的外在要求是内在要求的体现，而内在要求又是一种心性修养，一开始不可能达到，这是一个矛盾，这一矛盾的解决办法就是拳架演练。这是太极拳独特的修习方法，即先从看得见摸得着的动作开始，建立一个规范的拳架模式，从身体姿态的安舒、中正开始，去体会澄心涤虑的精神境界，这也许就是道家所说的顺则凡、逆则仙的修习门径与后天返先天的要诀。老子说视而不见名曰希，拳架的动作是有形的、是看得见的，而伴随拳架的心理过程以及拳架习练时的内在体验则是无形的、视而不见的。太极拳前辈说的所有的奥妙都在拳架中，这是经验之谈。每个动作都有一个内心的体验，而这个内心体验就像是闭着眼睛纫针，有某种随机的成分在，不知道哪一次就纫进去了。既然是随机的，那唯一的办法就是不停地、一次一次地纫，次数多了，总有一次能够纫进去。所以拳架习练是必须的。老子说听之不闻名曰夷，可以从推手的听劲去理解，听的最高境界是听到听不见的东西，太极拳的听劲也一样，要感知到别人感知不到的东西，即所谓的“人不知我，我独知人”。搏之不得名曰微，这可以从技击实战去理解，这是不丢不顶的最高境界。以上三种境界又是很难区分开来的，所以老子说“此三者不可致诘，故混而为一”，但“其上不徼，其下不昧”，内在的东西看不清楚，外在的东西（动作招式）则是一清二楚的。而外在的动作招式是由内在的看不见的东西支配的，这就是老子说的“绳绳兮不可名，复归于无物。是谓无状之状，无物之象，是谓惚恍”。这个内在的东西看不见摸不着，但却无处不在无时不有，“迎之不见其首，随之不见其后”。太极拳就是传承古老的拳架并将其用于实战，即“执古之道，以御今之有”。

北京大学出版社　编审　杜若明

有缘识得崔师

从去年相识国悦开始，对赵堡太极就心向往之，尤其对赵堡第十二世传人崔彦星老师的行云流水般的太极拳更是仰慕已久。昨夜，在国悦兄的引见之下终于成行。初见崔师，觉得比照片中显得更年轻、更和蔼、更有亲和力。

老师为人颇豪爽，又不失儒雅。浸淫赵堡拳道几十年，近年迁居首都一隅，所谓谈笑弟子多是清华、北大老师或学子，往来亦不乏名流大家。这都结缘于太极、结缘于“武道”。让我有点沾沾自喜的是，老师见面后对我的评价还不错，说我对太极拳有感觉，悟性不错。我想这或许得益于我多年对道家文化的喜爱。这些年来，我时常诵读《道德经》，可以说，多少会有一些对中国文化的体悟。再加上之前大学曾习练过简化二十四式太极拳等，因而对太极拳很有亲切感。

老师昨天传授了我一个三字功法“哼、哈、松”，很是简单，但是道理很深。万事皆存道，心中有太极，处处有太极。传统文化取诸万物，俯察天地，仰观天象，运用类比的方法是中国传统文化的一个基本思路，所谓一通百通也。

西方的思维，类比的思想用得较少，更多的是逻辑、归纳、推理。不同的思维方式，得到不同的文明成果。取诸于象，可能会有一种意会，终归不能太清晰、定量化。而通过逻辑方法归纳、推理和演绎，可以逐步地细化、系统化、抽象化。

所以说，中国文化讲究体悟，不同于西方文明，更多的是究，或称格物致知。

在和老师的一席话中，我将中国传统文化中的很多东西串了起来，对太极的有形至无形、有为到无为有了更深的认识。

我也谈了对太极拳的认识，我缺乏的是操练。老师今天教了我三招，手把手教导就是不一样，感觉很幸运。回去之后，一定要坚持多看、多悟和多练。只有量的积累，最终才会有质的飞跃。到了人生的这个年龄，在心存淡泊的同时，又如行云流水一样，顺势为之，太极拳便是很好的一个载体。

福建省质量技术监督局高级工程师　程军

2011 年 07 月 10 日

练拳体会

缘起

由于我先天体弱，以至从 1 岁到 10 岁几乎是每年都要住一次院。10 岁时动了一大手术后，虽不再住院了，但身体仍然偏弱，再加上刚参加工作时造成的腰肌劳损，使得自己刚刚 20 出头的年纪，却要在早晨起床时侧身起床。为此吃了不少的药、看过不少医生，后来一个老中医建议我学习太极拳。

2004 年年末有幸与崔彦星师父相识，从此开始了我习练太极拳的历程。

练拳

记得刚练拳时身体僵硬，拳术动作怎么打都觉着别扭。好在那时自己的时间充裕，所以就不求结果的一遍又一遍地练，师父也一次又一次地纠正我的动作。忽然有一天发现自己的手在练拳时有了气感，拳术动作虽还不标准，但也熟练了许多，更重要的是身体状况发生了潜移默化的改变，我在早晨起床时已经不用再侧身起床了。后来跟着师父学习了一些太极拳的技击方法，又亲眼目睹了几次其他武术门派的高手来挑战的场面，自此对太极拳的真正内涵开始有了更深入的认识，太极拳绝不是社会上流传的那种体操式的太极拳，真正的太极拳就应该是在保证技击功效的同时达到强身健体的效果。

反省

近两年，由于工作原因疏于练拳，身体状况也明显变差。但每次应酬过度后还是会通过练拳来加速身体机能的恢复，可以说太极拳已经成为我生命中的一部分。我相信随着年龄的增长、身体的变化，太极拳一定会继续在我的生命中发挥积极健康的决定性作用的。

王跃霖

后 记

我从小喜欢武术，六七岁的时候就随父亲的朋友习练武术，初中时开始习练赵堡太极拳。后来经人介绍在河南郑州武警部队教拳，部队领导要求编写武术教材，由写教材我萌生了编写一本介绍赵堡太极拳的书的愿望。2004 年到北京教拳后，断断续续写成初稿，先是由弟子李庆虎录入电脑，但不料其电脑被盗。后经过修改，又由大弟子范文慧重新录入电脑，但一直未能有机会出版。2012 年秋，跟美国弟子杨克勤聊起书稿，之后在他和弟子王洪君女士、高晓虹女士的帮助下，重新整理，终成这部书稿。

在多年教拳的生涯中，我得到了许多弟子在各方面的帮助。他们在各自的行业都很优秀。我父亲常说，学人要学人的优点。教学相长，可以说每一个弟子在某一方面都是我的老师。这么多年以来，我一直主要致力于太极拳以及中医的研习，希望我的努力能得到大家的认可，并希望能使更多的人从本书中受益。

感谢我的诸位老师，启蒙老师崔满仓先生带我进入赵堡太极拳的大门，师父郑钧先生引领我在习练赵堡太极拳的路上日益精进。

如果没有弟子王洪君、杨克勤、高晓虹的帮助，这本书现在恐还难以面世。王洪君女士根据我的讲授，并结合自己的亲身体会和研究，整理了“太极拳的特点”一章和第叁章的气行周天法小节，并通读全稿，斟酌文字。杨克勤根据访谈录音整理了第捌章“谈天论道”。高晓虹整理了第柒章，并负责拍摄书中的照片。此外，弟子崔小勇、崔津旗、张逸超配合拍摄了书中的部分照片。弟子杜若明、武立涛以及其他弟子也给予了很多帮助。

最后感谢我的家人多年以来默默地支持。

崔彦星

2016 年春

图书在版编目(CIP)数据

中国赵堡太极拳 / 崔彦星著. -北京：人民体育出版社，2017

ISBN 978-7-5009-5000-4

Ⅰ.①中… Ⅱ.①崔… Ⅲ. 太极拳-基本知识 Ⅳ.①G852.11

中国版本图书馆 CIP 数据核字(2016)第 139356 号

*

人民体育出版社出版发行

中国铁道出版社印刷厂印刷

新 华 书 店 经 销

*

787×960 16 开本 13.5 印张 200 千字

2017 年 3 月第 1 版 2017 年 3 月第 1 次印刷

印数：1—5,000 册

*

ISBN 978-7-5009-5000-4

定价：32.00 元

社址：北京市东城区体育馆路 8 号（天坛公园东门）

电话：67151482（发行部） 邮编：100061

传真：67151483 邮购：67118491

网址：www.sportspublish.com

（购买本社图书，如遇有缺损页可与邮购部联系）